대한민국 법령 시리즈 101

보호관찰 등에 관한 법률

(약칭 : 보호관찰법)

법령

시행령

시행규칙

해광출판사

머리말

이 책은 방대한 법전을 보지 않고 간편하게 해당되는 법령만 참고해서 볼 수 있도록 하였습니다. 공공기관이나 관련 종사자들이 쉽고 간편하게 해당 법령을 참조 할 수 있도록 하였습니다.

특히 해당법률은 물론 관련 시행령, 시행규칙을 함께 실어 관련법을 서로 참고할 수 있게 하였습니다.

법률이라는 것이 크는 작는 항상 변하는 관계로, 출간 이후의 정확하고 최신의 법률은 법제처 국가법령정보센터에서 확인이 가능하니 법률의 실제 적용 시 확인이 필요한 점 유의하기를 바랍니다.

편집부

* 수록 법률은 법제처 국가법령정보센터에서 확인 가능합니다.
* 발행일 기준 시행 법률이므로 최신 법령은 위 센터에서 볼 수 있습니다.
* 본 책자에 수록된 법률의 문구에 대하여 법적인 효력은 없으며,
  실제 적용 법률은 위 센터에서 최신의 법률로 확인하시기 바랍니다.
* 해당 법령과 함께 시행령, 시행규칙도 수록되어 있습니다.
* 발행일 기준으로 개정 예정 법률은 밑줄로 별도 표시되어 있으며,
  보다 정확한 것은 법제처에서 확인하기 바랍니다.

목차

보호관찰 등에 관한 법률
(약칭 : 보호관찰법)

[시행 2022. 1. 21.] [법률 제18299호, 2021. 7. 20., 일부개정]

**개정 예정 법률 밑줄 별도 표시.

보호관찰 등에 관한 법률
(약칭 : 보호관찰법)

[시행 2022. 1. 21.] [법률 제18299호, 2021. 7. 20., 일부개정]

제1장 총칙 〈개정 2009. 5. 28.〉

제1조(목적) 이 법은 죄를 지은 사람으로서 재범 방지를 위하여 보호관찰, 사회봉사, 수강(受講) 및 갱생보호(更生保護) 등 체계적인 사회 내 처우가 필요하다고 인정되는 사람을 지도하고 보살피며 도움으로써 건전한 사회 복귀를 촉진하고, 효율적인 범죄예방 활동을 전개함으로써 개인 및 공공의 복지를 증진함과 아울러 사회를 보호함을 목적으로 한다.

[전문개정 2009. 5. 28.]

제2조(국민의 협력 등) ① 모든 국민은 제1조의 목적을 달성하기 위하여 그 지위와 능력에 따라 협력하여야 한다.

② 국가와 지방자치단체는 죄를 지은 사람의 건전한 사회 복귀를 위하여 보호선도 사업을 육성할 책임을 진다.

③ 국가는 이 법의 집행과정에서 보호관찰을 받을 사람 등의 인권이 부당하게 침해되지 않도록 주의하여야 한다. 〈신설 2021. 7. 20.〉

[전문개정 2009. 5. 28.]

제3조(대상자) ① 보호관찰을 받을 사람(이하 "보호관찰 대상자"라 한다)은 다음 각 호와 같다.

1. 「형법」 제59조의2에 따라 보호관찰을 조건으로 형의 선고유예를 받은 사람

2. 「형법」 제62조의2에 따라 보호관찰을 조건으로 형의 집행유예를 선고받은 사람

3. 「형법」 제73조의2 또는 이 법 제25조에 따라 보호관찰을 조건으로 가석방되거나 임시퇴원된 사람

4. 「소년법」 제32조제1항제4호 및 제5호의 보호처분을 받은 사람

5. 다른 법률에서 이 법에 따른 보호관찰을 받도록 규정된 사람

② 사회봉사 또는 수강을 하여야 할 사람(이하 "사회봉사·수강명령 대상자"라 한다)은 다음 각 호와 같다.

1. 「형법」 제62조의2에 따라 사회봉사 또는 수강을 조건으로 형의 집행유예를 선고받은 사람

2. 「소년법」 제32조에 따라 사회봉사명령 또는 수강명령을 받은 사람

3. 다른 법률에서 이 법에 따른 사회봉사 또는 수강을 받도록 규정된 사람

③ 갱생보호를 받을 사람(이하 "갱생보호 대상자"라 한다)은 형사처분 또는 보호처분을 받은 사람으로서 자립갱생을 위한 숙식 제공, 주거 지원, 창업 지원, 직업훈련 및 취업 지원 등 보호의 필요성이 인정되는 사람으로 한다. 〈개정 2014. 5. 20.〉

[전문개정 2009. 5. 28.]

제4조(운영의 기준) 보호관찰, 사회봉사, 수강 또는 갱생보호는 해당 대상자의 교화, 개선 및 범죄예방을 위하여 필요하고도 적절한 한도 내에서 이루어져야 하며, 대상자의 나이, 경력, 심신상태, 가정환경, 교우관계, 그 밖의 모든 사정을 충분히 고려하여 가장 적합한 방법으로 실시되어야 한다.

[전문개정 2009. 5. 28.]

제2장 보호관찰기관 〈개정 2009. 5. 28.〉

제1절 보호관찰 심사위원회 〈개정 2009. 5. 28.〉

제5조(설치) ① 보호관찰에 관한 사항을 심사·결정하기 위하여 법무부장관 소속으로 보호관찰 심사위원회(이하 "심사위원회"라 한다)를 둔다.

② 심사위원회는 고등검찰청 소재지 등 대통령령으로 정하는 지역에 설치한다.

[전문개정 2009. 5. 28.]

제6조(관장 사무) 심사위원회는 이 법에 따른 다음 각 호의 사항을 심사·결정한다.

1. 가석방과 그 취소에 관한 사항

2. 임시퇴원, 임시퇴원의 취소 및 「보호소년 등의 처우에 관한 법률」 제43조제3항에 따른 보호소년의 퇴원(이하 "퇴원"이라 한다)에 관한 사항

3. 보호관찰의 임시해제와 그 취소에 관한 사항

4. 보호관찰의 정지와 그 취소에 관한 사항

5. 가석방 중인 사람의 부정기형의 종료에 관한 사항

6. 이 법 또는 다른 법령에서 심사위원회의 관장 사무로 규정된 사항

7. 제1호부터 제6호까지의 사항과 관련된 사항으로서 위원장이 회의에 부치는 사항

[전문개정 2009. 5. 28.]

제7조(구성) ① 심사위원회는 위원장을 포함하여 5명 이상 9명 이하의 위원으로 구성한다.

② 심사위원회의 위원장은 고등검찰청 검사장 또는 고등검찰청 소속 검사 중에서 법무부장관이 임명한다.

③ 심사위원회의 위원은 판사, 검사, 변호사, 보호관찰소장, 지방교정청장, 교도소장, 소년원장 및 보호관찰에 관한 지식과 경험이 풍부한 사람 중에서 법무부장관이 임명하거나 위촉한다.

④ 심사위원회의 위원 중 3명 이내의 상임위원을 둔다.

[전문개정 2009. 5. 28.]

제8조(위원의 임기) 위원의 임기는 2년으로 하되, 연임할 수 있다. 다만, 공무원인 비상임위원의 임기는 그 직위에 있는 기간으로 한다.

[전문개정 2009. 5. 28.]

제9조(위원의 해임 및 해촉) 위원이 다음 각 호의 어느 하나에 해당하면 해임하거나 해촉할 수 있다.

1. 심신장애로 직무수행이 불가능하거나 현저히 곤란하다고 인정될 때

2. 직무 태만, 품위 손상, 그 밖의 사유로 인하여 위원으로서 직

무를 수행하기 적당하지 아니하다고 인정될 때

[전문개정 2009. 5. 28.]

제10조(위원의 신분 등) ① 상임위원은 고위공무원단에 속하는 일반직공무원 또는 4급 공무원으로서 「국가공무원법」 제26조의5에 따른 임기제공무원으로 한다. 〈개정 2014. 1. 7.〉

② 상임위원이 아닌 위원은 명예직으로 한다. 다만, 예산의 범위에서 법무부령으로 정하는 바에 따라 여비나 그 밖의 수당을 지급할 수 있다.

[전문개정 2009. 5. 28.]

제11조(심사) ① 심사위원회는 심사자료에 의하여 제6조 각 호의 사항을 심사한다.

② 심사위원회는 심사에 필요하다고 인정하면 보호관찰 대상자와 그 밖의 관계인을 소환하여 심문하거나 상임위원 또는 보호관찰관에게 필요한 사항을 조사하게 할 수 있다.

③ 심사위원회는 심사에 필요하다고 인정하면 국공립기관이나 그 밖의 단체에 사실을 알아보거나 관계 자료의 제출을 요청할 수 있다.

[전문개정 2009. 5. 28.]

제12조(의결 및 결정) ① 심사위원회의 회의는 재적위원 과반수의 출석으로 개의하고, 출석위원 과반수의 찬성으로 의결한다.

② 제1항에도 불구하고 회의를 개최할 시간적 여유가 없는 등 부득이한 경우로서 대통령령으로 정하는 경우에는 서면으로 의결할 수 있다. 이 경우 재적위원 과반수의 찬성으로 의결한다. 〈개정 2021.

7. 20.〉

③ 심사위원회의 회의는 비공개로 한다.

④ 결정은 이유를 붙이고 심사한 위원이 서명 또는 기명날인한 문서로 한다.

[전문개정 2009. 5. 28.]

제12조의2(벌칙 적용에서 공무원 의제) 심사위원회의 위원 중 공무원이 아닌 사람은 「형법」 제127조 및 제129조부터 제132조까지의 규정을 적용할 때에는 공무원으로 본다.

[본조신설 2016. 1. 6.]

제13조(명칭, 관할 구역, 운영 등) 심사위원회의 명칭, 관할 구역 및 직무범위와 위원의 임명 또는 위촉, 그 밖에 심사위원회의 운영에 필요한 사항은 대통령령으로 정한다.

[전문개정 2009. 5. 28.]

제2절 보호관찰소 〈개정 2009. 5. 28.〉

제14조(보호관찰소의 설치) ① 보호관찰, 사회봉사, 수강 및 갱생보호에 관한 사무를 관장하기 위하여 법무부장관 소속으로 보호관찰소를 둔다.

② 보호관찰소의 사무 일부를 처리하게 하기 위하여 그 관할 구역에 보호관찰지소를 둘 수 있다.

[전문개정 2009. 5. 28.]

제15조(보호관찰소의 관장 사무) 보호관찰소(보호관찰지소를 포함한다. 이하 같다)는 다음 각 호의 사무를 관장한다.

1. 보호관찰, 사회봉사명령 및 수강명령의 집행

2. 갱생보호

3. 검사가 보호관찰관이 선도(善導)함을 조건으로 공소제기를 유예하고 위탁한 선도 업무

4. 제18조에 따른 범죄예방 자원봉사위원에 대한 교육훈련 및 업무지도

5. 범죄예방활동

6. 이 법 또는 다른 법령에서 보호관찰소의 관장 사무로 규정된 사항

[전문개정 2009. 5. 28.]

제16조(보호관찰관) ① 보호관찰소에는 제15조 각 호의 사무를 처리하기 위하여 보호관찰관을 둔다.

② 보호관찰관은 형사정책학, 행형학, 범죄학, 사회사업학, 교육학, 심리학, 그 밖에 보호관찰에 필요한 전문적 지식을 갖춘 사람이어야 한다.

[전문개정 2009. 5. 28.]

제17조(보호관찰소의 명칭 등) 보호관찰소의 명칭, 관할 구역, 조직 및 정원, 그 밖에 필요한 사항은 대통령령으로 정한다.

[전문개정 2009. 5. 28.]

제18조(범죄예방 자원봉사위원) ① 범죄예방활동을 하고, 보호관찰활동과 갱생보호사업을 지원하기 위하여 범죄예방 자원봉사위원(이하 "범죄예방위원"이라 한다)을 둘 수 있다.

② 법무부장관은 법무부령으로 정하는 바에 따라 범죄예방위원을

위촉한다.

③ 범죄예방위원의 명예와 이 법에 따른 활동은 존중되어야 한다.

④ 범죄예방위원은 명예직으로 하되, 예산의 범위에서 직무수행에 필요한 비용의 전부 또는 일부를 지급할 수 있다.

⑤ 범죄예방위원의 위촉 및 해촉, 정원, 직무의 구체적 내용, 조직, 비용의 지급, 그 밖에 필요한 사항은 법무부령으로 정한다.

[전문개정 2009. 5. 28.]

제3장 보호관찰 〈개정 2009. 5. 28.〉

제1절 판결 전 조사 〈개정 2009. 5. 28.〉

제19조(판결 전 조사) ① 법원은 피고인에 대하여 「형법」 제59조의2 및 제62조의2에 따른 보호관찰, 사회봉사 또는 수강을 명하기 위하여 필요하다고 인정하면 그 법원의 소재지(所在地) 또는 피고인의 주거지를 관할하는 보호관찰소의 장에게 범행 동기, 직업, 생활환경, 교우관계, 가족상황, 피해회복 여부 등 피고인에 관한 사항의 조사를 요구할 수 있다.

② 제1항의 요구를 받은 보호관찰소의 장은 지체 없이 이를 조사하여 서면으로 해당 법원에 알려야 한다. 이 경우 필요하다고 인정하면 피고인이나 그 밖의 관계인을 소환하여 심문하거나 소속 보호관찰관에게 필요한 사항을 조사하게 할 수 있다.

③ 법원은 제1항의 요구를 받은 보호관찰소의 장에게 조사진행상황에 관한 보고를 요구할 수 있다.

[전문개정 2009. 5. 28.]

제19조의2(결정 전 조사) ① 법원은 「소년법」 제12조에 따라 소년 보호사건에 대한 조사 또는 심리를 위하여 필요하다고 인정하면 그 법원의 소재지 또는 소년의 주거지를 관할하는 보호관찰소의 장에게 소년의 품행, 경력, 가정상황, 그 밖의 환경 등 필요한 사항에 관한 조사를 의뢰할 수 있다.

② 제1항의 의뢰를 받은 보호관찰소의 장은 지체 없이 조사하여 서면으로 법원에 통보하여야 하며, 조사를 위하여 필요한 경우에는 소년 또는 관계인을 소환하여 심문하거나 소속 보호관찰관으로 하여금 필요한 사항을 조사하게 할 수 있다.

[본조신설 2008. 12. 26.]

제2절 형의 선고유예 및 집행유예와 보호관찰 〈개정 2009. 5. 28.〉

제20조(판결의 통지 등) ① 법원은 「형법」 제59조의2 또는 제62조의2에 따라 보호관찰을 명하는 판결이 확정된 때부터 3일 이내에 판결문 등본 및 준수사항을 적은 서면을 피고인의 주거지를 관할하는 보호관찰소의 장에게 보내야 한다.

② 제1항의 경우 법원은 그 의견이나 그 밖에 보호관찰에 참고가 될 수 있는 자료를 첨부할 수 있다.

③ 법원은 제1항의 통지를 받은 보호관찰소의 장에게 보호관찰 상황에 관한 보고를 요구할 수 있다.

[전문개정 2009. 5. 28.]

제3절 가석방 및 임시퇴원 〈개정 2009. 5. 28.〉

제21조(교도소장 등의 통보의무) ① 교도소·구치소·소년교도소의 장은 징역 또는 금고의 형을 선고받은 소년(이하 "소년수형자"라 한다)이 「소년법」 제65조 각 호의 기간을 지나면 그 교도소·구치소·소년교도소의 소재지를 관할하는 심사위원회에 그 사실을 통보하여야 한다.

② 소년원장은 보호소년이 수용된 후 6개월이 지나면 그 소년원의 소재지를 관할하는 심사위원회에 그 사실을 통보하여야 한다.

[전문개정 2009. 5. 28.]

제22조(가석방·퇴원 및 임시퇴원의 신청) ① 교도소·구치소·소년교도소 및 소년원(이하 "수용기관"이라 한다)의 장은 「소년법」 제65조 각 호의 기간이 지난 소년수형자 또는 수용 중인 보호소년에 대하여 법무부령으로 정하는 바에 따라 관할 심사위원회에 가석방, 퇴원 또는 임시퇴원 심사를 신청할 수 있다.

② 제1항의 신청을 할 때에는 제26조 또는 제27조에 따라 통지받은 환경조사 및 환경개선활동 결과를 고려하여야 한다.

[전문개정 2009. 5. 28.]

제23조(가석방·퇴원 및 임시퇴원의 심사와 결정) ① 심사위원회는 제22조제1항에 따른 신청을 받으면 소년수형자에 대한 가석방 또는 보호소년에 대한 퇴원·임시퇴원이 적절한지를 심사하여 결정한다.

② 심사위원회는 제21조에 따른 통보를 받은 사람에 대하여는 제22조제1항에 따른 신청이 없는 경우에도 직권으로 가석방·퇴원 및 임시퇴원이 적절한지를 심사하여 결정할 수 있다.

③ 심사위원회는 제1항 또는 제2항에 따라 소년수형자의 가석방이 적절한지를 심사할 때에는 보호관찰의 필요성을 심사하여 결정한다.

④ 심사위원회는 제1항부터 제3항까지의 규정에 따라 심사·결정을 할 때에는 본인의 인격, 교정성적, 직업, 생활태도, 가족관계 및 재범 위험성 등 모든 사정을 고려하여야 한다.

[전문개정 2009. 5. 28.]

제24조(성인수형자에 대한 보호관찰의 심사와 결정) ① 심사위원회는 「형의 집행 및 수용자의 처우에 관한 법률」 제122조에 따라 가석방되는 사람에 대하여 보호관찰의 필요성을 심사하여 결정한다.

② 심사위원회는 제1항에 따른 보호관찰심사를 할 때에는 제28조에 따른 보호관찰 사안조사 결과를 고려하여야 한다.

[전문개정 2009. 5. 28.]

제25조(법무부장관의 허가) 심사위원회는 제23조에 따른 심사 결과 가석방, 퇴원 또는 임시퇴원이 적절하다고 결정한 경우 및 제24조에 따른 심사 결과 보호관찰이 필요없다고 결정한 경우에는 결정서에 관계 서류를 첨부하여 법무부장관에게 이에 대한 허가를 신청하여야 하며, 법무부장관은 심사위원회의 결정이 정당하다고 인정하면 이를 허가할 수 있다.

[전문개정 2008. 12. 26.]

제4절 환경조사 및 환경개선활동 〈개정 2009. 5. 28.〉

제26조(환경조사) ① 수용기관·병원·요양소·「보호소년 등의 처우에 관한 법률」에 따른 의료재활소년원의 장은 소년수형자 및 「소년

법」 제32조제1항제7호ㆍ제9호ㆍ제10호의 보호처분 중 어느 하나에 해당하는 처분을 받은 사람(이하 “수용자”라 한다)을 수용한 경우에는 지체 없이 거주예정지를 관할하는 보호관찰소의 장에게 신상조사서를 보내 환경조사를 의뢰하여야 한다. 〈개정 2014. 12. 30., 2020. 10. 20.〉

② 제1항에 따라 환경조사를 의뢰받은 보호관찰소의 장은 수용자의 범죄 또는 비행의 동기, 수용 전의 직업, 생활환경, 교우관계, 가족상황, 피해회복 여부, 생계대책 등을 조사하여 수용기관의 장에게 알려야 한다. 이 경우 필요하다고 인정하면 수용자를 면담하거나 관계인을 소환하여 심문(審問)하거나 소속 보호관찰관에게 필요한 사항을 조사하게 할 수 있다.

[전문개정 2009. 5. 28.]

제27조(환경개선활동) ① 보호관찰소의 장은 제26조에 따른 환경조사 결과에 따라 수용자의 건전한 사회 복귀를 촉진하기 위하여 필요하다고 인정하면 본인의 동의를 얻거나 가족ㆍ관계인의 협력을 받아 본인의 환경개선을 위한 활동을 할 수 있다.

② 보호관찰소의 장은 제1항에 따른 환경개선활동을 위하여 필요하다고 인정하면 수용기관의 장에게 수용자의 면담 등 필요한 협조를 요청할 수 있다.

③ 보호관찰소의 장은 제1항에 따른 환경개선활동의 결과를 수용기관의 장과 수용기관의 소재지를 관할하는 심사위원회에 알려야 한다.

[전문개정 2009. 5. 28.]

제28조(성인수형자에 대한 보호관찰 사안조사) ① 교도소ㆍ구치소ㆍ

소년교도소의 장은 징역 또는 금고 이상의 형을 선고받은 성인(이하 "성인수형자"라 한다)에 대하여 「형의 집행 및 수용자의 처우에 관한 법률」 제121조에 따라 가석방심사위원회에 가석방 적격심사신청을 할 때에는 신청과 동시에 가석방 적격심사신청 대상자의 명단과 신상조사서를 해당 교도소·구치소·소년교도소의 소재지를 관할하는 심사위원회에 보내야 한다.

② 심사위원회는 교도소·구치소·소년교도소의 장으로부터 가석방 적격심사신청 대상자의 명단과 신상조사서를 받으면 해당 성인수형자를 면담하여 직접 제26조제2항 전단에 규정된 사항, 석방 후의 재범 위험성 및 사회생활에 대한 적응 가능성 등에 관한 조사(이하 "보호관찰 사안조사"라 한다)를 하거나 교도소·구치소·소년교도소의 소재지 또는 해당 성인수형자의 거주예정지를 관할하는 보호관찰소의 장에게 그 자료를 보내 보호관찰 사안조사를 의뢰할 수 있다.

③ 제2항에 따라 보호관찰 사안조사를 의뢰받은 보호관찰소의 장은 지체 없이 보호관찰 사안조사를 하고 그 결과를 심사위원회에 통보하여야 한다.

④ 교도소·구치소·소년교도소의 장은 심사위원회 또는 보호관찰소의 장으로부터 보호관찰 사안조사를 위하여 성인수형자의 면담 등 필요한 협조 요청을 받으면 이에 협조하여야 한다.

[전문개정 2009. 5. 28.]

제5절 보호관찰 〈개정 2009. 5. 28.〉

제29조(보호관찰의 개시 및 신고) ① 보호관찰은 법원의 판결이나

결정이 확정된 때 또는 가석방·임시퇴원된 때부터 시작된다.

② 보호관찰 대상자는 대통령령으로 정하는 바에 따라 주거, 직업, 생활계획, 그 밖에 필요한 사항을 관할 보호관찰소의 장에게 신고하여야 한다.

[전문개정 2009. 5. 28.]

제30조(보호관찰의 기간) 보호관찰 대상자는 다음 각 호의 구분에 따른 기간에 보호관찰을 받는다.

1. 보호관찰을 조건으로 형의 선고유예를 받은 사람: 1년
2. 보호관찰을 조건으로 형의 집행유예를 선고받은 사람: 그 유예기간. 다만, 법원이 보호관찰 기간을 따로 정한 경우에는 그 기간
3. 가석방자: 「형법」 제73조의2 또는 「소년법」 제66조에 규정된 기간
4. 임시퇴원자: 퇴원일부터 6개월 이상 2년 이하의 범위에서 심사위원회가 정한 기간
5. 「소년법」 제32조제1항제4호 및 제5호의 보호처분을 받은 사람: 그 법률에서 정한 기간
6. 다른 법률에 따라 이 법에서 정한 보호관찰을 받는 사람: 그 법률에서 정한 기간

[전문개정 2009. 5. 28.]

제31조(보호관찰 담당자) 보호관찰은 보호관찰 대상자의 주거지를 관할하는 보호관찰소 소속 보호관찰관이 담당한다.

[전문개정 2009. 5. 28.]

제32조(보호관찰 대상자의 준수사항) ① 보호관찰 대상자는 보호관

찰관의 지도·감독을 받으며 준수사항을 지키고 스스로 건전한 사회인이 되도록 노력하여야 한다.

② 보호관찰 대상자는 다음 각 호의 사항을 지켜야 한다.

1. 주거지에 상주(常住)하고 생업에 종사할 것

2. 범죄로 이어지기 쉬운 나쁜 습관을 버리고 선행(善行)을 하며 범죄를 저지를 염려가 있는 사람들과 교제하거나 어울리지 말 것

3. 보호관찰관의 지도·감독에 따르고 방문하면 응대할 것

4. 주거를 이전(移轉)하거나 1개월 이상 국내외 여행을 할 때에는 미리 보호관찰관에게 신고할 것

③ 법원 및 심사위원회는 판결의 선고 또는 결정의 고지를 할 때에는 제2항의 준수사항 외에 범죄의 내용과 종류 및 본인의 특성 등을 고려하여 필요하면 보호관찰 기간의 범위에서 기간을 정하여 다음 각 호의 사항을 특별히 지켜야 할 사항으로 따로 과(科)할 수 있다.

1. 야간 등 재범의 기회나 충동을 줄 수 있는 특정 시간대의 외출 제한

2. 재범의 기회나 충동을 줄 수 있는 특정 지역·장소의 출입 금지

3. 피해자 등 재범의 대상이 될 우려가 있는 특정인에 대한 접근 금지

4. 범죄행위로 인한 손해를 회복하기 위하여 노력할 것

5. 일정한 주거가 없는 자에 대한 거주장소 제한

6. 사행행위에 빠지지 아니할 것

7. 일정량 이상의 음주를 하지 말 것

8. 마약 등 중독성 있는 물질을 사용하지 아니할 것

9. 「마약류관리에 관한 법률」상의 마약류 투약, 흡연, 섭취 여부에 관한 검사에 따를 것

10. 그 밖에 보호관찰 대상자의 재범 방지를 위하여 필요하다고 인정되어 대통령령으로 정하는 사항

④ 보호관찰 대상자가 제2항 또는 제3항의 준수사항을 위반하거나 사정변경의 상당한 이유가 있는 경우에는 법원은 보호관찰소의 장의 신청 또는 검사의 청구에 따라, 심사위원회는 보호관찰소의 장의 신청에 따라 각각 준수사항의 전부 또는 일부를 추가, 변경하거나 삭제할 수 있다. 〈개정 2019. 4. 16.〉

⑤ 제2항부터 제4항까지의 준수사항은 서면으로 고지하여야 한다.

[전문개정 2009. 5. 28.]

제33조(지도·감독) ① 보호관찰관은 보호관찰 대상자의 재범을 방지하고 건전한 사회 복귀를 촉진하기 위하여 필요한 지도·감독을 한다.

② 제1항의 지도·감독 방법은 다음 각 호와 같다.

1. 보호관찰 대상자와 긴밀한 접촉을 가지고 항상 그 행동 및 환경 등을 관찰하는 것

2. 보호관찰 대상자에게 제32조의 준수사항을 이행하기에 적절한 지시를 하는 것

3. 보호관찰 대상자의 건전한 사회 복귀를 위하여 필요한 조치를 하는 것

[전문개정 2009. 5. 28.]

제33조의2(분류처우) ① 보호관찰소의 장은 범행 내용, 재범위험성 등 보호관찰 대상자의 개별적 특성을 고려하여 그에 알맞은 지도·감독의 방법과 수준에 따라 분류처우를 하여야 한다.

② 제1항에 따른 분류처우에 관하여 필요한 사항은 대통령령으로 정한다.

[본조신설 2009. 5. 28.]

제34조(원호) ① 보호관찰관은 보호관찰 대상자가 자조(自助)의 노력을 할 때에는 그의 개선과 자립을 위하여 필요하다고 인정되는 적절한 원호(援護)를 한다.

② 제1항의 원호의 방법은 다음 각 호와 같다.

1. 숙소 및 취업의 알선
2. 직업훈련 기회의 제공
3. 환경의 개선
4. 보호관찰 대상자의 건전한 사회 복귀에 필요한 원조의 제공

[전문개정 2009. 5. 28.]

제35조(응급구호) 보호관찰소의 장은 보호관찰 대상자에게 부상, 질병, 그 밖의 긴급한 사유가 발생한 경우에는 대통령령으로 정하는 바에 따라 필요한 구호를 할 수 있다.

[전문개정 2009. 5. 28.]

제36조(갱생보호사업자 등의 원조와 협력) 보호관찰소의 장은 제34조에 따른 원호와 제35조에 따른 응급구호를 위하여 필요한 경우에는 국공립기관, 제67조제1항에 따라 갱생보호사업 허가를 받은 자, 제71조에 따른 한국법무보호복지공단, 그 밖의 단체에 대하여 숙식

제공이나 그 밖의 적절한 원조 또는 협력을 요청할 수 있다. 이 경우 필요한 비용은 국가가 예산의 범위에서 지급한다.

[전문개정 2008. 12. 26.]

제36조의2(정신질환 보호관찰 대상자의 치료 등을 위한 협력) ① 보호관찰 대상자로서 정신건강의학과전문의가 「정신건강증진 및 정신질환자 복지서비스 지원에 관한 법률」 제3조제1호에 따른 정신질환자로 진단하거나 감정한 사람(이하 "정신질환 보호관찰 대상자"라 한다)은 같은 조 제3호의 정신건강복지센터에 등록하여 상담, 진료, 재활 지원 등의 서비스를 받을 수 있다.

② 보호관찰소의 장은 제1항의 정신질환 보호관찰 대상자의 보호관찰이 종료되는 때에는 심사위원회의 심사를 거쳐 그 종료사실을 정신질환 보호관찰 대상자의 주소지를 관할하는 경찰관서의 장 및 지방자치단체의 장에게 통보할 수 있다.

③ 심사위원회는 제2항에 따라 정신질환 보호관찰 대상자의 보호관찰 종료사실통보가 적절한지 심사할 때에는 정신질환 보호관찰 대상자의 재범 방지 및 치료의 필요성 여부를 심사하여 결정한다.

④ 제2항에 따라 통보하는 정보의 구체적인 범위, 통보 방법 및 통보 절차 등에 필요한 사항은 대통령령으로 정한다.

[본조신설 2021. 7. 20.]

제37조(보호관찰 대상자 등의 조사) ① 보호관찰소의 장은 보호관찰을 위하여 필요하다고 인정하면 보호관찰 대상자나 그 밖의 관계인을 소환하여 심문하거나 소속 보호관찰관에게 필요한 사항을 조사하게 할 수 있다.

② 보호관찰소의 장은 보호관찰을 위하여 필요하다고 인정하면 국공립기관이나 그 밖의 단체에 사실을 알아보거나 관련 자료의 열람 등 협조를 요청할 수 있다.

③ 제1항과 제2항의 직무를 담당하는 사람은 직무상 비밀을 엄수하고, 보호관찰 대상자 및 관계인의 인권을 존중하며, 보호관찰 대상자의 건전한 사회 복귀에 방해되는 일이 없도록 주의하여야 한다.

[전문개정 2009. 5. 28.]

第38조(경고) 보호관찰소의 장은 보호관찰 대상자가 제32조의 준수사항을 위반하거나 위반할 위험성이 있다고 인정할 상당한 이유가 있는 경우에는 준수사항의 이행을 촉구하고 형의 집행 등 불리한 처분을 받을 수 있음을 경고할 수 있다.

[전문개정 2009. 5. 28.]

第39조(구인) ① 보호관찰소의 장은 보호관찰 대상자가 제32조의 준수사항을 위반하였거나 위반하였다고 의심할 상당한 이유가 있고, 다음 각 호의 어느 하나에 해당하는 사유가 있는 경우에는 관할 지방검찰청의 검사에게 신청하여 검사의 청구로 관할 지방법원 판사의 구인장을 발부받아 보호관찰 대상자를 구인(拘引)할 수 있다.

1. 일정한 주거가 없는 경우
2. 제37조제1항에 따른 소환에 따르지 아니한 경우
3. 도주한 경우 또는 도주할 염려가 있는 경우

② 제1항의 구인장은 검사의 지휘에 따라 보호관찰관이 집행한다. 다만, 보호관찰관이 집행하기 곤란한 경우에는 사법경찰관리에게 집행하게 할 수 있다.

[전문개정 2009. 5. 28.]

제40조(긴급구인) ① 보호관찰소의 장은 제32조의 준수사항을 위반한 보호관찰 대상자가 제39조제1항 각 호의 어느 하나에 해당하는 사유가 있는 경우로서 긴급하여 제39조에 따른 구인장을 발부받을 수 없는 경우에는 그 사유를 알리고 구인장 없이 그 보호관찰 대상자를 구인할 수 있다. 이 경우 긴급하다 함은 해당 보호관찰 대상자를 우연히 발견한 경우 등과 같이 구인장을 발부받을 시간적 여유가 없는 경우를 말한다.

② 보호관찰소의 장은 제1항에 따라 보호관찰 대상자를 구인한 경우에는 긴급구인서를 작성하여 즉시 관할 지방검찰청 검사의 승인을 받아야 한다.

③ 보호관찰소의 장은 제2항에 따른 승인을 받지 못하면 즉시 보호관찰 대상자를 석방하여야 한다.

[전문개정 2009. 5. 28.]

제41조(구인 기간) 보호관찰소의 장은 제39조 또는 제40조에 따라 보호관찰 대상자를 구인하였을 때에는 제42조에 따라 유치(留置) 허가를 청구한 경우를 제외하고는 구인한 때부터 48시간 이내에 석방하여야 한다. 다만, 제42조제2항에 따른 유치 허가를 받지 못하면 즉시 보호관찰 대상자를 석방하여야 한다. 〈개정 2014. 12. 30.〉

[전문개정 2009. 5. 28.]

제42조(유치) ① 보호관찰소의 장은 다음 각 호의 신청이 필요하다고 인정되면 제39조 또는 제40조에 따라 구인한 보호관찰 대상자를 수용기관 또는 소년분류심사원에 유치할 수 있다. 〈개정 2019. 4. 16.〉

1. 제47조에 따른 보호관찰을 조건으로 한 형(벌금형을 제외한다)의 선고유예의 실효(失效) 및 집행유예의 취소 청구의 신청

2. 제48조에 따른 가석방 및 임시퇴원의 취소 신청

3. 제49조에 따른 보호처분의 변경 신청

② 제1항에 따른 유치를 하려는 경우에는 보호관찰소의 장이 검사에게 신청하여 검사의 청구로 관할 지방법원 판사의 허가를 받아야 한다. 이 경우 검사는 보호관찰 대상자가 구인된 때부터 48시간 이내에 유치 허가를 청구하여야 한다. 〈개정 2014. 12. 30.〉

③ 보호관찰소의 장은 유치 허가를 받은 때부터 24시간 이내에 제1항 각 호의 신청을 하여야 한다.

④ 검사는 보호관찰소의 장으로부터 제1항제1호의 신청을 받고 그 이유가 타당하다고 인정되면 48시간 이내에 관할 지방법원에 보호관찰을 조건으로 한 형의 선고유예의 실효 또는 집행유예의 취소를 청구하여야 한다.

[전문개정 2009. 5. 28.]

제43조(유치기간) ① 제42조에 따른 유치의 기간은 제39조제1항 또는 제40조제1항에 따라 구인한 날부터 20일로 한다. 〈개정 2014. 12. 30.〉

② 법원은 제42조제1항제1호 또는 제3호에 따른 신청이 있는 경우에 심리(審理)를 위하여 필요하다고 인정되면 심급마다 20일의 범위에서 한 차례만 유치기간을 연장할 수 있다.

③ 보호관찰소의 장은 제42조제1항제2호에 따른 신청이 있는 경우에 심사위원회의 심사에 필요하면 검사에게 신청하여 검사의 청구

로 지방법원 판사의 허가를 받아 10일의 범위에서 한 차례만 유치기간을 연장할 수 있다.

[전문개정 2009. 5. 28.]

제44조(유치의 해제) 보호관찰소의 장은 다음 각 호의 어느 하나에 해당하는 경우에는 유치를 해제하고 보호관찰 대상자를 즉시 석방하여야 한다.

1. 검사가 제47조제1항에 따른 보호관찰소의 장의 신청을 기각한 경우

2. 법원이 제47조제1항에 따른 검사의 청구를 기각한 경우

3. 심사위원회가 제48조에 따른 보호관찰소의 장의 신청을 기각한 경우

4. 법무부장관이 제48조에 따른 심사위원회의 신청을 허가하지 아니한 경우

5. 법원이 제49조에 따른 보호관찰소의 장의 신청을 기각한 경우

[전문개정 2009. 5. 28.]

제45조(유치기간의 형기 산입) 제42조에 따라 유치된 사람에 대하여 보호관찰을 조건으로 한 형의 선고유예가 실효되거나 집행유예가 취소된 경우 또는 가석방이 취소된 경우에는 그 유치기간을 형기에 산입한다.

[전문개정 2009. 5. 28.]

제45조의2 삭제 〈2019. 4. 16.〉

제46조(준용 규정) 보호관찰 대상자의 구인 및 유치에 관하여는 「형사소송법」 제72조, 제75조, 제82조, 제83조, 제85조제1항 · 제3항 ·

제4항, 제86조, 제87조, 제89조, 제204조, 제214조의2 및 제214조의3을 준용한다.

[전문개정 2009. 5. 28.]

제5절의2 보호장구 〈신설 2019. 4. 16.〉

제46조의2(보호장구의 사용) ① 보호관찰소 소속 공무원은 보호관찰 대상자가 다음 각 호의 어느 하나에 해당하고, 정당한 직무집행 과정에서 필요하다고 인정되는 상당한 이유가 있으면 제46조의3제1항에 따른 보호장구를 사용할 수 있다.

1. 제39조 및 제40조에 따라 구인 또는 긴급구인한 보호관찰 대상자를 보호관찰소에 인치하거나 수용기관 등에 유치하기 위해 호송하는 때

2. 제39조 및 제40조에 따라 구인 또는 긴급구인한 보호관찰 대상자가 도주하거나 도주할 우려가 있는 때

3. 위력으로 보호관찰소 소속 공무원의 정당한 직무집행을 방해하는 때

4. 자살·자해 또는 다른 사람에 대한 위해의 우려가 큰 때

5. 보호관찰소 시설의 설비·기구 등을 손괴하거나 그 밖에 시설의 안전 또는 질서를 해칠 우려가 큰 때

② 보호장구를 사용하는 경우에는 보호관찰 대상자의 나이, 신체적·정신적 건강상태 및 보호관찰 집행 상황 등을 고려하여야 한다.

③ 그 밖에 보호장구의 사용절차 및 방법 등에 관하여 필요한 사항은 법무부령으로 정한다.

[본조신설 2019. 4. 16.]

제46조의3(보호장구의 종류 및 사용요건) ① 보호장구의 종류는 다음 각 호와 같다.

1. 수갑
2. 포승
3. 보호대(帶)
4. 가스총
5. 전자충격기

② 보호장구의 종류별 사용요건은 다음 각 호와 같다.

1. 수갑 · 포승 · 보호대(帶): 제46조의2제1항제1호부터 제5호까지의 어느 하나에 해당하는 때
2. 가스총: 제46조의2제1항제2호부터 제5호까지의 어느 하나에 해당하는 때
3. 전자충격기: 제46조의2제1항제2호부터 제5호까지의 어느 하나에 해당하는 경우로서 상황이 긴급하여 다른 보호장구만으로는 그 목적을 달성할 수 없는 때

[본조신설 2019. 4. 16.]

제46조의4(보호장구 사용의 고지 등) ① 제46조의3제1항제1호부터 제3호까지의 보호장구를 사용할 경우에는 보호관찰 대상자에게 그 사유를 알려주어야 한다. 다만, 상황이 급박하여 시간적인 여유가 없을 때에는 보호장구 사용 직후 지체 없이 알려주어야 한다.

② 제46조의3제1항제4호 및 제5호의 보호장구를 사용할 경우에는 사전에 상대방에게 이를 경고하여야 한다. 다만, 상황이 급박하

여 경고할 시간적인 여유가 없는 때에는 그러하지 아니하다.

[본조신설 2019. 4. 16.]

제46조의5(보호장구 남용 금지) 제46조의3제1항에 따른 보호장구는 필요한 최소한의 범위에서 사용하여야 하며, 보호장구를 사용할 필요가 없게 되면 지체 없이 사용을 중지하여야 한다.

[본조신설 2019. 4. 16.]

제6절 보호관찰의 종료 〈개정 2009. 5. 28.〉

제47조(보호관찰을 조건으로 한 형의 선고유예의 실효 및 집행유예의 취소) ① 「형법」 제61조제2항에 따른 선고유예의 실효 및 같은 법 제64조제2항에 따른 집행유예의 취소는 검사가 보호관찰소의 장의 신청을 받아 법원에 청구한다.

② 제1항의 실효 및 취소절차에 관하여는 「형사소송법」 제335조를 준용한다.

[전문개정 2009. 5. 28.]

제48조(가석방 및 임시퇴원의 취소) ① 심사위원회는 가석방 또는 임시퇴원된 사람이 보호관찰기간 중 제32조의 준수사항을 위반하고 위반 정도가 무거워 보호관찰을 계속하기가 적절하지 아니하다고 판단되는 경우에는 보호관찰소의 장의 신청을 받거나 직권으로 가석방 및 임시퇴원의 취소를 심사하여 결정할 수 있다.

② 심사위원회는 제1항에 따른 심사 결과 가석방 또는 임시퇴원을 취소하는 것이 적절하다고 결정한 경우에는 결정서에 관계 서류를 첨부하여 법무부장관에게 이에 대한 허가를 신청하여야 하며, 법

무부장관은 심사위원회의 결정이 정당하다고 인정되면 이를 허가할 수 있다.

[전문개정 2009. 5. 28.]

제49조(보호처분의 변경) ① 보호관찰소의 장은 「소년법」 제32조제1항제4호 또는 제5호의 보호처분에 따라 보호관찰을 받고 있는 사람이 보호관찰 기간 중 제32조의 준수사항을 위반하고 그 정도가 무거워 보호관찰을 계속하기 적절하지 아니하다고 판단되면 보호관찰소 소재지를 관할하는 법원에 보호처분의 변경을 신청할 수 있다.

② 제1항에 따른 보호처분의 변경을 할 경우 신청대상자가 19세 이상인 경우에도 「소년법」 제2조 및 제38조제1항에도 불구하고 같은 법 제2장의 보호사건 규정을 적용한다.

[전문개정 2009. 5. 28.]

제50조(부정기형의 종료 등) ① 「소년법」 제60조제1항에 따라 형을 선고받은 후 가석방된 사람이 그 형의 단기(短期)가 지나고 보호관찰의 목적을 달성하였다고 인정되면 같은 법 제66조에서 정한 기간 전이라도 심사위원회는 보호관찰소의 장의 신청을 받거나 직권으로 형의 집행을 종료한 것으로 결정할 수 있다.

② 임시퇴원자가 임시퇴원이 취소되지 아니하고 보호관찰 기간을 지난 경우에는 퇴원된 것으로 본다.

[전문개정 2009. 5. 28.]

제51조(보호관찰의 종료) ① 보호관찰은 보호관찰 대상자가 다음 각 호의 어느 하나에 해당하는 때에 종료한다. 〈개정 2014. 12. 30., 2019. 4. 16.〉

1. 보호관찰 기간이 지난 때

2. 「형법」 제61조에 따라 보호관찰을 조건으로 한 형의 선고유예가 실효되거나 같은 법 제63조 또는 제64조에 따라 보호관찰을 조건으로 한 집행유예가 실효되거나 취소된 때

3. 제48조 또는 다른 법률에 따라 가석방 또는 임시퇴원이 실효되거나 취소된 때

4. 제49조에 따라 보호처분이 변경된 때

5. 제50조에 따른 부정기형 종료 결정이 있는 때

6. 제53조에 따라 보호관찰이 정지된 임시퇴원자가 「보호소년 등의 처우에 관한 법률」 제43조제1항의 나이가 된 때

7. 다른 법률에 따라 보호관찰이 변경되거나 취소·종료된 때

② 보호관찰 대상자가 보호관찰 기간 중 금고 이상의 형의 집행을 받게 된 때에는 해당 형의 집행기간 동안 보호관찰 대상자에 대한 보호관찰 기간은 계속 진행되고, 해당 형의 집행이 종료·면제되거나 보호관찰 대상자가 가석방된 경우 보호관찰 기간이 남아있는 때에는 그 잔여기간 동안 보호관찰을 집행한다. 〈신설 2019. 4. 16.〉

[전문개정 2009. 5. 28.]

제52조(임시해제) ① 심사위원회는 보호관찰 대상자의 성적이 양호할 때에는 보호관찰소의 장의 신청을 받거나 직권으로 보호관찰을 임시해제할 수 있다.

② 임시해제 중에는 보호관찰을 하지 아니한다. 다만, 보호관찰 대상자는 준수사항을 계속하여 지켜야 한다.

③ 심사위원회는 임시해제 결정을 받은 사람에 대하여 다시 보호관찰을 하는 것이 적절하다고 인정되면 보호관찰소의 장의 신청을 받거나 직권으로 임시해제 결정을 취소할 수 있다.

④ 제3항에 따라 임시해제 결정이 취소된 경우에는 그 임시해제 기간을 보호관찰 기간에 포함한다.

[전문개정 2009. 5. 28.]

第53조(보호관찰의 정지) ① 심사위원회는 가석방 또는 임시퇴원된 사람이 있는 곳을 알 수 없어 보호관찰을 계속할 수 없을 때에는 보호관찰소의 장의 신청을 받거나 직권으로 보호관찰을 정지하는 결정(이하 "정지결정"이라 한다)을 할 수 있다.

② 심사위원회는 제1항에 따라 보호관찰을 정지한 사람이 있는 곳을 알게 되면 즉시 그 정지를 해제하는 결정(이하 "정지해제결정"이라 한다)을 하여야 한다.

③ 보호관찰 정지 중인 사람이 제39조 또는 제40조에 따라 구인된 경우에는 구인된 날에 정지해제결정을 한 것으로 본다.

④ 형기 또는 보호관찰 기간은 정지결정을 한 날부터 그 진행이 정지되고, 정지해제결정을 한 날부터 다시 진행된다.

⑤ 심사위원회는 제1항에 따라 정지결정을 한 후 소재 불명이 천재지변이나 그 밖의 부득이한 사정 등 보호관찰 대상자에게 책임이 있는 사유로 인한 것이 아닌 것으로 밝혀진 경우에는 그 정지결정을 취소하여야 한다. 이 경우 정지결정은 없었던 것으로 본다.

[전문개정 2009. 5. 28.]

제7절 보호관찰사건의 이송 등 〈개정 2009. 5. 28.〉

제54조(직무상 비밀과 증언 거부) 심사위원회 및 보호관찰소의 직원이거나 직원이었던 사람이 다른 법률에 따라 증인으로 신문(訊問)을 받는 경우에는 그 직무상 알게 된 다른 사람의 비밀에 대하여 증언을 거부할 수 있다. 다만, 본인의 승낙이 있거나 중대한 공익상 필요가 있는 경우에는 그러하지 아니하다.

[전문개정 2009. 5. 28.]

제55조(보호관찰사건의 이송) 보호관찰소의 장은 보호관찰 대상자가 주거지를 이동한 경우에는 새 주거지를 관할하는 보호관찰소의 장에게 보호관찰사건을 이송할 수 있다.

[전문개정 2009. 5. 28.]

제55조의2(기부금품의 접수) ① 보호관찰소의 장은 기관·단체 또는 개인이 보호관찰 대상자에 대한 원호 등을 위하여 보호관찰소에 자발적으로 기탁하는 금품을 접수할 수 있다.

② 기부자에 대한 영수증 발급, 기부금품의 용도 지정, 장부의 열람, 그 밖에 필요한 사항은 대통령령으로 정한다.

[본조신설 2014. 1. 7.]

제55조의3(보호관찰 종료사실 등의 통보) ① 보호관찰소의 장은 다음 각 호의 어느 하나에 해당하는 범죄를 저지른 가석방자의 보호관찰이 종료된 때에 재범 방지 등을 위하여 필요하다고 인정하면 가석방자의 보호관찰 종료사실 등을 그의 주거지를 관할하는 경찰관서의 장에게 통보할 수 있다. 〈개정 2016. 12. 27., 2020. 2. 4.〉

1. 「전자장치 부착 등에 관한 법률」 제2조제2호에 따른 성폭력범

죄, 같은 조 제3호의2에 따른 살인범죄, 같은 조 제3호의3에 따른 강도범죄

2. 다음 각 목의 어느 하나에 해당하는 범죄

가. 「형법」 제2편제31장 약취(略取), 유인(誘引) 및 인신매매의 죄 중 제287조(미성년자의 약취, 유인)·제288조(추행 등 목적 약취, 유인 등)·제289조(인신매매)·제290조(약취, 유인, 매매, 이송 등 상해·치상)·제291조(약취, 유인, 매매, 이송 등 살인·치사)·제292조(약취, 유인, 매매, 이송된 사람의 수수·은닉 등)·제294조(미수범)의 죄, 같은 법 제2편제37장 권리행사를 방해하는 죄 중 제324조의2(인질강요)·제324조의3(인질상해·치상)의 죄 및 같은 법 제2편제38장 절도와 강도의 죄 중 제336조(인질강도)의 죄

나. 「특정범죄 가중처벌 등에 관한 법률」 제5조의2(약취·유인죄의 가중처벌)의 죄

다. 가목과 나목의 죄로서 다른 법률에 따라 가중처벌되는 죄

3. 「폭력행위 등 처벌에 관한 법률」 제4조(단체 등의 구성·활동), 제5조(단체 등의 이용·지원)의 죄 및 「형법」 제2편제5장 공안(公安)을 해하는 죄 중 제114조(범죄단체 등의 조직)의 죄

4. 다음 각 목의 어느 하나에 해당하는 범죄

가. 「형법」 제2편제13장 방화와 실화의 죄 중 제164조(현주건조물 등에의 방화)·제165조(공용건조물 등에의 방화)·제166조(일반건조물 등에의 방화)·제167조(일반물건에의 방화)·제168조(연소)·제172조(폭발성물건파열)·제172조의2(가스·전기 등 방류)·제173조(가스·전기 등 공급방해) 및 제174조(미수범)의 죄

나. 「산림자원의 조성 및 관리에 관한 법률」 제71조(벌칙)의 죄

다. 「산림보호법」 제53조(벌칙)의 죄(같은 조 제5항의 죄는 제외한다)

라. 가목부터 다목까지의 죄로서 다른 법률에 따라 가중처벌되는 죄

5. 「마약류 관리에 관한 법률」 제58조(벌칙) · 제59조(벌칙) · 제60조(벌칙)의 죄(제59조제1항제3호 · 제5호 · 제9호 · 제12호의 죄 및 제60조제1항제2호 중 향정신성의약품 등을 수수, 소지, 소유, 사용, 관리, 조제, 투약, 제공한 죄 또는 향정신성의약품을 기재한 처방전을 발급한 죄는 제외한다), 「마약류 불법거래 방지에 관한 특례법」 제6조(업으로서 한 불법수입 등) · 제7조(불법수익등의 은닉 및 가장) · 제8조(불법수익등의 수수) · 제9조(마약류 물품의 수입 등)의 죄 및 「특정범죄 가중처벌 등에 관한 법률」 제11조(마약사범 등의 가중처벌)의 죄

② 제1항에 따라 보호관찰소의 장이 통보할 사항은 다음 각 호와 같다.

1. 성명
2. 주민등록번호
3. 주소
4. 죄명
5. 판결내용
6. 보호관찰 종료일

③ 제1항에 따른 통보의 질차 등에 관하여 필요한 사항은 대통령

령으로 정한다.

[본조신설 2014. 12. 30.]

제55조의3(보호관찰 종료사실 등의 통보) ① 보호관찰소의 장은 다음 각 호의 어느 하나에 해당하는 범죄를 저지른 가석방자의 보호관찰이 종료된 때에 재범 방지 등을 위하여 필요하다고 인정하면 가석방자의 보호관찰 종료사실 등을 그의 주거지를 관할하는 경찰관서의 장에게 통보할 수 있다. 〈개정 2016. 12. 27., 2020. 2. 4., 2025. 1. 31.〉

1. 「전자장치 부착 등에 관한 법률」 제2조제2호에 따른 성폭력범죄, 같은 조 제3호의2에 따른 살인범죄, 같은 조 제3호의3에 따른 강도범죄

2. 다음 각 목의 어느 하나에 해당하는 범죄

가. 「형법」 제2편제31장 약취(略取), 유인(誘引) 및 인신매매의 죄 중 제287조(미성년자의 약취, 유인) · 제288조(추행 등 목적 약취, 유인 등) · 제289조(인신매매) · 제290조(약취, 유인, 매매, 이송 등 상해 · 치상) · 제291조(약취, 유인, 매매, 이송 등 살인 · 치사) · 제292조(약취, 유인, 매매, 이송된 사람의 수수 · 은닉 등) · 제294조(미수범)의 죄, 같은 법 제2편제37장 권리행사를 방해하는 죄 중 제324조의2(인질강요) · 제324조의3(인질상해 · 치상)의 죄 및 같은 법 제2편제38장 절도와 강도의 죄 중 제336조(인질강도)의 죄

나. 「특정범죄 가중처벌 등에 관한 법률」 제5조의2(약취 · 유인죄의 가중처벌)의 죄

다. 가목과 나목의 죄로서 다른 법률에 따라 가중처벌되는 죄

3. 「폭력행위 등 처벌에 관한 법률」 제4조(단체 등의 구성·활동), 제5조(단체 등의 이용·지원)의 죄 및 「형법」 제2편제5장 공안(公安)을 해하는 죄 중 제114조(범죄단체 등의 조직)의 죄

4. 다음 각 목의 어느 하나에 해당하는 범죄

가. 「형법」 제2편제13장 방화와 실화의 죄 중 제164조(현주건조물 등에의 방화)·제165조(공용건조물 등에의 방화)·제166조(일반건조물 등에의 방화)·제167조(일반물건에의 방화)·제168조(연소)·제172조(폭발성물건파열)·제172조의2(가스·전기 등 방류)·제173조(가스·전기 등 공급방해) 및 제174조(미수범)의 죄

나. 「산림자원의 조성 및 관리에 관한 법률」 제71조(벌칙)의 죄

다. 「산림보호법」 제53조제1항 및 제6항의 죄

라. 「산림재난방지법」 제76조제1항부터 제3항까지 및 제5항의 죄

마. 가목부터 라목까지의 죄로서 다른 법률에 따라 가중처벌되는 죄

5. 「마약류 관리에 관한 법률」 제58조(벌칙)·제59조(벌칙)·제60조(벌칙)의 죄(제59조제1항제3호·제5호·제9호·제12호의 죄 및 제60조제1항제2호 중 향정신성의약품 등을 수수, 소지, 소유, 사용, 관리, 조제, 투약, 제공한 죄 또는 향정신성의약품을 기재한 처방전을 발급한 죄는 제외한다), 「마약류 불법거래 방지에 관한 특례법」 제6조(업으로서 한 불법수입 등)·제7조(불법수익등의 은닉 및 가장)·제8조(불법수익등의 수수)·제9조(마약류 물품의 수입 등)의 죄 및 「특정범죄 가중처벌 등에 관한 법률」 제11조(마약사범 등의 가중처

벌)의 죄

② 제1항에 따라 보호관찰소의 장이 통보할 사항은 다음 각 호와 같다.

1. 성명
2. 주민등록번호
3. 주소
4. 죄명
5. 판결내용
6. 보호관찰 종료일

③ 제1항에 따른 통보의 절차 등에 관하여 필요한 사항은 대통령령으로 정한다.

[본조신설 2014. 12. 30.]

[시행일: 2026. 2. 1.] 제55조의3

제55조의4(범죄경력자료 등의 조회 요청) ① 법무부장관은 이 법에 따른 보호관찰의 집행이 종료된 사람의 재범 여부를 조사하고 보호관찰명령의 효과를 평가하기 위하여 필요한 경우에는 그 집행이 종료된 때부터 3년 동안 관계 기관에 그 사람에 관한 범죄경력자료와 수사경력자료에 대한 조회를 요청할 수 있다.

② 제1항의 요청을 받은 관계 기관의 장은 정당한 사유 없이 이를 거부해서는 아니 된다.

[본조신설 2019. 4. 16.]

제56조(군법 적용 대상자에 대한 특례) 「군사법원법」 제2조제1항 각 호의 어느 하나에 해당하는 사람에게는 이 법을 적용하지 아니

한다.

[전문개정 2009. 5. 28.]

제57조(「형사소송법」의 준용) 보호관찰에 관하여 이 법에 특별한 규정이 있는 경우를 제외하고는 그 성질에 반하지 아니하는 범위에서 「형사소송법」을 준용한다.

[전문개정 2009. 5. 28.]

제58조(「형의 집행 및 수용자의 처우에 관한 법률」 적용의 일부 배제) 이 법(제28조는 제외한다)에 따른 가석방에 관하여는 「형의 집행 및 수용자의 처우에 관한 법률」 제119조부터 제122조까지의 규정을 적용하지 아니한다.

[전문개정 2009. 5. 28.]

제4장 사회봉사 및 수강 〈개정 2009. 5. 28.〉

제59조(사회봉사명령·수강명령의 범위) ① 법원은 「형법」 제62조의2에 따른 사회봉사를 명할 때에는 500시간, 수강을 명할 때에는 200시간의 범위에서 그 기간을 정하여야 한다. 다만, 다른 법률에 특별한 규정이 있는 경우에는 그 법률에서 정하는 바에 따른다.

② 법원은 제1항의 경우에 사회봉사·수강명령 대상자가 사회봉사를 하거나 수강할 분야와 장소 등을 지정할 수 있다.

[전문개정 2009. 5. 28.]

제60조(판결의 통지 등) ① 법원은 「형법」 제62조의2에 따른 사회봉사 또는 수강을 명하는 판결이 확정된 때부터 3일 이내에 판결문 등본 및 준수사항을 적은 서면을 피고인의 주거지를 관할하는 보호

관찰소의 장에게 보내야 한다.

② 제1항의 경우에 법원은 그 의견이나 그 밖에 사회봉사명령 또는 수강명령의 집행에 참고가 될 만한 자료를 첨부할 수 있다.

③ 법원 또는 법원의 장은 제1항의 통지를 받은 보호관찰소의 장에게 사회봉사명령 또는 수강명령의 집행상황에 관한 보고를 요구할 수 있다.

[전문개정 2009. 5. 28.]

제61조(사회봉사 · 수강명령 집행 담당자) ① 사회봉사명령 또는 수강명령은 보호관찰관이 집행한다. 다만, 보호관찰관은 국공립기관이나 그 밖의 단체에 그 집행의 전부 또는 일부를 위탁할 수 있다.

② 보호관찰관은 사회봉사명령 또는 수강명령의 집행을 국공립기관이나 그 밖의 단체에 위탁한 때에는 이를 법원 또는 법원의 장에게 통보하여야 한다.

③ 법원은 법원 소속 공무원으로 하여금 사회봉사 또는 수강할 시설 또는 강의가 사회봉사 · 수강명령 대상자의 교화 · 개선에 적당한지 여부와 그 운영 실태를 조사 · 보고하도록 하고, 부적당하다고 인정하면 그 집행의 위탁을 취소할 수 있다.

④ 보호관찰관은 사회봉사명령 또는 수강명령의 집행을 위하여 필요하다고 인정하면 국공립기관이나 그 밖의 단체에 협조를 요청할 수 있다.

[전문개정 2009. 5. 28.]

제62조(사회봉사 · 수강명령 대상자의 준수사항) ① 사회봉사 · 수강명령 대상자는 대통령령으로 정하는 바에 따라 주거, 직업, 그 밖에

필요한 사항을 관할 보호관찰소의 장에게 신고하여야 한다.

② 사회봉사·수강명령 대상자는 다음 각 호의 사항을 준수하여야 한다.

1. 보호관찰관의 집행에 관한 지시에 따를 것

2. 주거를 이전하거나 1개월 이상 국내외여행을 할 때에는 미리 보호관찰관에게 신고할 것

③ 법원은 판결의 선고를 할 때 제2항의 준수사항 외에 대통령령으로 정하는 범위에서 본인의 특성 등을 고려하여 특별히 지켜야 할 사항을 따로 과(科)할 수 있다.

④ 제2항과 제3항의 준수사항은 서면으로 고지하여야 한다.

[전문개정 2009. 5. 28.]

제63조(사회봉사·수강의 종료) ① 사회봉사·수강은 사회봉사·수강명령 대상자가 다음 각 호의 어느 하나에 해당하는 때에 종료한다. 〈개정 2014. 12. 30., 2019. 4. 16.〉

1. 사회봉사명령 또는 수강명령의 집행을 완료한 때

2. 형의 집행유예 기간이 지난 때

3. 「형법」 제63조 또는 제64조에 따라 사회봉사·수강명령을 조건으로 한 집행유예의 선고가 실효되거나 취소된 때

4. 다른 법률에 따라 사회봉사·수강명령이 변경되거나 취소·종료된 때

② 사회봉사·수강명령 대상자가 사회봉사·수강명령 집행 중 금고 이상의 형의 집행을 받게 된 때에는 해당 형의 집행이 종료·면제되거나 사회봉사·수강명령 대상자가 가석방된 경우 잔여 사회봉

사 · 수강명령을 집행한다. 〈신설 2019. 4. 16.〉

[전문개정 2009. 5. 28.]

제64조(준용 규정) ① 사회봉사 · 수강명령 대상자에 대하여는 제34조부터 제36조까지, 제54조, 제55조, 제55조의4, 제56조 및 제57조를 준용한다. 〈개정 2014. 12. 30., 2019. 4. 16.〉

② 사회봉사 · 수강명령 대상자의 준수사항이나 명령 위반에 따른 경고, 구인, 유치, 집행유예 취소 및 보호처분 변경 등에 관하여는 제37조부터 제45조까지, 제46조, 제46조의2부터 제46조의5까지, 제47조 및 제49조를 준용한다. 〈개정 2019. 4. 16.〉

[전문개정 2009. 5. 28.]

제5장 갱생보호 〈개정 2009. 5. 28.〉

제1절 갱생보호의 방법 및 개시 〈개정 2009. 5. 28.〉

제65조(갱생보호의 방법) ① 갱생보호는 다음 각 호의 방법으로 한다. 〈개정 2014. 5. 20.〉

1. 숙식 제공
2. 주거 지원
3. 창업 지원
4. 직업훈련 및 취업 지원
5. 출소예정자 사전상담
6. 갱생보호 대상자의 가족에 대한 지원
7. 심리상담 및 심리치료
8. 사후관리

9. 그 밖에 갱생보호 대상자에 대한 자립 지원

② 제1항 각 호의 구체적인 내용은 대통령령으로 정한다.

③ 제71조에 따른 한국법무보호복지공단 또는 제67조에 따라 갱생보호사업의 허가를 받은 자는 제1항 각 호의 갱생보호활동을 위하여 갱생보호시설을 설치·운영할 수 있다.

④ 제3항의 갱생보호시설의 기준은 법무부령으로 정한다.

[전문개정 2009. 5. 28.]

제66조(갱생보호의 신청 및 조치) ① 갱생보호 대상자와 관계 기관은 보호관찰소의 장, 제67조제1항에 따라 갱생보호사업 허가를 받은 자 또는 제71조에 따른 한국법무보호복지공단에 갱생보호 신청을 할 수 있다.

② 제1항의 신청을 받은 자는 지체 없이 보호가 필요한지 결정하고 보호하기로 한 경우에는 그 방법을 결정하여야 한다.

③ 제1항의 신청을 받은 자가 제2항에 따라 보호결정을 한 경우에는 지체 없이 갱생보호에 필요한 조치를 하여야 한다.

[전문개정 2009. 5. 28.]

제2절 갱생보호사업자 〈개정 2009. 5. 28.〉

제67조(갱생보호사업의 허가) ① 갱생보호사업을 하려는 자는 법무부령으로 정하는 바에 따라 법무부장관의 허가를 받아야 한다. 허가받은 사항을 변경하려는 경우에도 또한 같다.

② 법무부장관은 갱생보호사업의 허가를 할 때에는 사업의 범위와 허가의 기간을 정하거나 그 밖에 필요한 조건을 붙일 수 있다.

[전문개정 2009. 5. 28.]

제68조(허가의 기준) 법무부장관은 다음 각 호의 기준에 맞지 아니할 때에는 갱생보호사업의 허가를 하여서는 아니 된다.

1. 갱생보호사업에 필요한 경제적 능력을 가질 것
2. 갱생보호사업의 허가신청자가 사회적 신망이 있을 것
3. 갱생보호사업의 조직 및 회계처리 기준이 공개적일 것

[전문개정 2009. 5. 28.]

제69조(보고의무) 갱생보호사업의 허가를 받은 자(이하 "사업자"라 한다)는 법무부령으로 정하는 바에 따라 다음 해의 사업계획과 전년도의 회계 상황 및 사업 실적을 법무부장관에게 보고하여야 한다.

[전문개정 2009. 5. 28.]

제70조(갱생보호사업의 허가 취소 등) 법무부장관은 사업자가 다음 각 호의 어느 하나에 해당할 때에는 그 허가를 취소하거나 6개월 이내의 기간을 정하여 그 사업의 전부 또는 일부의 정지를 명할 수 있다. 다만, 제1호 또는 제4호에 해당하는 때에는 그 허가를 취소하여야 한다.

1. 부정한 방법으로 갱생보호사업의 허가를 받은 경우
2. 갱생보호사업의 허가 조건을 위반한 경우
3. 목적사업 외의 사업을 한 경우
4. 정당한 이유 없이 갱생보호사업의 허가를 받은 후 6개월 이내에 갱생보호사업을 시작하지 아니하거나 1년 이상 갱생보호사업의 실적이 없는 경우
5. 제69조에 따른 보고를 거짓으로 한 경우

6. 이 법 또는 이 법에 따른 명령을 위반한 경우

[전문개정 2009. 5. 28.]

제70조의2(청문) 법무부장관은 제70조에 따라 갱생보호사업의 허가를 취소하거나 정지하려는 경우에는 청문을 하여야 한다. 〈개정 2014. 5. 20.〉

[전문개정 2009. 5. 28.]

제3절 한국법무보호복지공단 〈개정 2008. 12. 26.〉

제71조(한국법무보호복지공단의 설립) 갱생보호사업을 효율적으로 추진하기 위하여 한국법무보호복지공단(이하 "공단"이라 한다)을 설립한다.

[전문개정 2008. 12. 26.]

제72조(법인격) 공단은 법인으로 한다.

[전문개정 2009. 5. 28.]

제73조(사무소) ① 공단의 주된 사무소의 소재지는 정관으로 정한다.

② 공단은 정관으로 정하는 바에 따라 필요한 곳에 지부와 지소를 둘 수 있다.

[전문개정 2009. 5. 28.]

제74조(정관) ① 공단의 정관에는 다음 각 호의 사항이 포함되어야 한다.

1. 목적

2. 명칭

3. 주된 사무소 및 지부·지소에 관한 사항

4. 기금에 관한 사항

5. 임직원에 관한 사항

6. 이사회에 관한 사항

7. 업무에 관한 사항

8. 재산 및 회계에 관한 사항

9. 공고에 관한 사항

10. 정관의 변경에 관한 사항

11. 내부규정의 제정·개정 및 폐지에 관한 사항

② 공단은 정관을 변경하려면 법무부장관의 인가를 받아야 한다.

[전문개정 2009. 5. 28.]

第75조(등기) 공단은 그 주된 사무소의 소재지에서 설립등기를 함으로써 성립한다.

[전문개정 2009. 5. 28.]

第76조(임원 및 그 임기) ① 공단에 이사장 1명을 포함한 15명 이내의 이사와 감사 2명을 둔다. 〈개정 2014. 5. 20.〉

② 이사장은 법무부장관이 임명하고, 그 임기는 3년으로 하되 연임할 수 있다. 다만, 임기가 만료된 이사장은 그 후임자가 임명될 때까지 그 직무를 행한다. 〈개정 2014. 5. 20.〉

③ 이사는 갱생보호사업에 열성이 있고, 학식과 덕망이 있는 사람 중에서 이사장의 제청에 의하여 법무부장관이 임명하거나 위촉하며, 임기는 3년으로 하되 연임할 수 있다. 다만, 공무원인 이사의 임기는 그 직위에 있는 동안으로 한다.

④ 감사는 이사장의 제청에 의하여 법무부장관이 임명하며, 임기는 2년으로 하되 연임할 수 있다.

[전문개정 2009. 5. 28.]

제77조(임원의 직무) ① 이사장은 공단을 대표하고 공단의 업무를 총괄한다.

② 감사는 공단의 업무 및 회계를 감사한다.

③ 이사장 아닌 이사와 감사는 비상근으로 할 수 있다.

[전문개정 2009. 5. 28.]

제78조(임원의 결격사유) 다음 각 호의 어느 하나에 해당하는 사람은 공단의 임원이 될 수 없다.

1. 대한민국 국민이 아닌 사람

2. 「국가공무원법」 제33조 각 호의 어느 하나에 해당하는 사람

[전문개정 2009. 5. 28.]

제79조(임원의 해임) ① 임원이 제78조 각 호의 어느 하나에 해당하게 되면 당연히 퇴직한다.

② 법무부장관은 임원이 다음 각 호의 어느 하나에 해당할 때에는 그 임원을 해임하거나 해촉할 수 있다.

1. 갱생보호사업에 열성이 없다고 인정될 때

2. 직무상의 의무를 위반하거나 직무수행을 게을리하였을 때

3. 그 밖의 사유로 인하여 임원으로서 부적당하다고 인정될 때

[전문개정 2009. 5. 28.]

제80조(이사회) ① 공단의 업무에 관한 주요 사항을 심의·의결하기 위하여 공단에 이사회를 둔다.

② 이사회는 이사장과 이사로 구성한다.

③ 이사장은 이사회를 소집하고 그 의장이 된다.

④ 감사는 이사회에 출석하여 의견을 진술할 수 있다.

[전문개정 2009. 5. 28.]

제81조(직원의 임면) 공단의 직원은 정관으로 정하는 바에 따라 이사장이 임면(任免)한다.

[전문개정 2009. 5. 28.]

제82조(공단의 사업) 공단은 그 목적을 달성하기 위하여 다음 각 호의 사업을 한다.

1. 갱생보호
2. 갱생보호제도의 조사 · 연구 및 보급 · 홍보
3. 갱생보호사업을 위한 수익사업
4. 공단의 목적 달성에 필요한 사업

[전문개정 2009. 5. 28.]

제83조(공단의 자산) 공단은 다음 각 호의 재산을 그 자산으로 한다.

1. 공단이 소유하고 있는 부동산과 그 밖의 재산
2. 국고보조금
3. 자산으로부터 생기는 과실(果實)
4. 그 밖의 수입

[전문개정 2009. 5. 28.]

제84조(공단의 사업계획 등) ① 공단의 회계연도는 정부의 회계연도에 따른다.

② 공단은 법무부령으로 정하는 바에 따라 매 회계연도가 시작되

기 전에 다음 회계연도에 실시할 공단의 사업계획 및 예산을 법무부장관에게 제출하여 그 승인을 받아야 한다. 이를 변경할 때에도 또한 같다.

③ 공단은 법무부령으로 정하는 바에 따라 매 회계연도의 종료 후 전년도의 사업 실적과 결산을 법무부장관에게 제출하여야 한다.

[전문개정 2009. 5. 28.]

제85조(기부금품의 접수 및 보고) ① 공단은 기관·단체 또는 개인이 갱생보호사업을 위하여 공단에 자발적으로 기탁하는 금품을 접수할 수 있다.

② 제1항에 따라 기부금품을 접수한 경우 공단은 그 접수 상황 및 처리 상황을 법무부장관에게 보고하여야 한다.

③ 기부자에 대한 영수증 발급, 기부금품의 용도 지정, 장부의 열람, 그 밖에 필요한 사항은 대통령령으로 정한다.

[전문개정 2014. 12. 30.]

제86조(갱생보호기금의 설치) 갱생보호사업의 추진에 필요한 재원을 확보하기 위하여 공단에 갱생보호기금(이하 "기금"이라 한다)을 설치한다.

[전문개정 2009. 5. 28.]

제87조(기금의 재원) 기금은 다음 각 호의 재원으로 조성한다.

1. 기금의 운용으로 생기는 수익금
2. 공단의 사업으로 생기는 수입금
3. 관계 법령에 따른 기부금

[전문개정 2009. 5. 28.]

第88條(기금의 운용·관리) ① 기금은 공단이 운용·관리한다.

② 기금의 운용·관리에 필요한 사항은 대통령령으로 정한다.

[전문개정 2009. 5. 28.]

第89條(기금의 사용) 기금은 제82조 각 호의 사업을 위하여 사용한다.

[전문개정 2009. 5. 28.]

第90條(자금의 차입) 공단은 기금 운용에 필요하다고 인정하면 법무부장관의 승인을 받아 기금의 부담으로 자금을 차입할 수 있다.

[전문개정 2009. 5. 28.]

第91條(이익금의 처리) 공단은 매 사업연도의 결산 결과 이익금이 생기면 이월손실금의 보전(補塡)에 충당하고, 그 나머지는 기금으로 적립하여야 한다.

[전문개정 2009. 5. 28.]

第92條(준용 규정) 공단에 관하여 이 법에서 규정한 것을 제외하고는 「민법」 중 재단법인에 관한 규정을 준용한다.

[전문개정 2009. 5. 28.]

第93條(벌칙 적용 시의 공무원 의제) 공단의 임직원은 「형법」과 그 밖의 법률에 따른 벌칙을 적용할 때에는 공무원으로 본다.

[전문개정 2009. 5. 28.]

제4절 갱생보호사업의 지원 및 감독 〈개정 2009. 5. 28.〉

第94條(보조금) 국가나 지방자치단체는 사업자와 공단에 대하여 보

조할 수 있다.

[전문개정 2009. 5. 28.]

제95조(조세감면) 국가나 지방자치단체는 갱생보호사업에 대하여 「조세특례제한법」 및 「지방세특례제한법」에서 정하는 바에 따라 국세 또는 지방세를 감면할 수 있다. 〈개정 2010. 3. 31.〉

[전문개정 2009. 5. 28.]

제96조(수익사업) ① 사업자 또는 공단은 갱생보호사업을 위하여 수익사업을 하려면 사업마다 법무부장관의 승인을 받아야 한다. 이를 변경할 때에도 또한 같다.

② 법무부장관은 수익사업을 하는 사업자 또는 공단이 수익을 갱생보호사업 외의 사업에 사용한 경우에는 수익사업의 시정이나 정지를 명할 수 있다.

[전문개정 2009. 5. 28.]

제97조(감독) ① 법무부장관은 사업자와 공단을 지휘·감독한다.

② 법무부장관은 사업자와 공단에 대하여 감독상 필요한 경우에는 그 업무에 관한 사항을 보고하게 하거나 자료의 제출이나 그 밖에 필요한 명령을 할 수 있으며, 소속 공무원에게 사업자 및 공단의 운영 실태를 조사하게 할 수 있다.

③ 제2항에 따라 조사를 하는 공무원은 그 권한을 나타내는 증표를 지니고 이를 관계인에게 내보여야 한다.

[전문개정 2009. 5. 28.]

제98조(유사명칭의 사용금지) ① 이 법에 따른 공단이 아닌 자는 한국법무보호복지공단 또는 이와 유사한 명칭을 사용하지 못한다.

② 이 법에 따른 사업자가 아닌 자는 갱생보호회 또는 이와 유사한 명칭을 사용하지 못한다.

[전문개정 2009. 5. 28.]

제6장 벌칙 <개정 2009. 5. 28.>

제99조(벌칙) 다음 각 호의 어느 하나에 해당하는 자는 1년 이하의 징역 또는 1천만원 이하의 벌금에 처한다. <개정 2014. 1. 7.>

1. 갱생보호사업의 허가를 받지 아니하고 갱생보호사업 명목으로 영리행위를 한 자
2. 갱생보호사업의 허가를 받은 후 이를 이용하여 갱생보호사업의 목적에 반하여 영리행위를 한 자
3. 제70조에 따른 정지명령을 위반한 자
4. 제96조제2항에 따른 명령을 위반한 자

[전문개정 2009. 5. 28.]

제100조(양벌규정) 법인의 대표자나 법인 또는 개인의 대리인, 사용인, 그 밖의 종업원이 그 법인 또는 개인의 업무에 관하여 제99조의 위반행위를 하면 그 행위자를 벌하는 외에 그 법인 또는 개인에게도 해당 조문의 벌금형을 과(科)한다. 다만, 법인 또는 개인이 그 위반행위를 방지하기 위하여 해당 업무에 관하여 상당한 주의와 감독을 게을리하지 아니한 경우에는 그러하지 아니하다.

[전문개정 2008. 12. 26.]

제101조(과태료) ① 제98조를 위반한 자에게는 200만원 이하의 과태료를 부과한다.

② 제1항에 따른 과태료는 대통령령으로 정하는 바에 따라 법무부장관이 부과 · 징수한다.

[본조신설 2008. 12. 26.]

부칙 〈제5178호, 1996. 12. 12.〉

제1조 (시행일) 이 법은 1997년 1월 1일부터 시행한다.

제2조 (보호선도위원 및 갱생보호위원에 관한 경과조치) 이 법 시행당시 종전의 규정에 의한 보호선도위원 및 갱생보호위원은 이 법에 의한 범죄예방위원으로 본다.

제3조 (갱생보호사업자에 관한 경과조치) 이 법 시행당시 종전의 규정에 의하여 허가받은 갱생보호사업자는 이 법에 의하여 허가받은 것으로 본다.

제4조 (한국갱생보호공단에 관한 경과조치) 이 법 시행당시의 한국갱생보호공단은 이 법에 의한 한국갱생보호공단으로 본다.

제5조 (다른 법률의 개정등) ①소년원법중 다음과 같이 개정한다.

제44조중 "보호관찰등에관한법률 제28조제1항"을 "보호관찰등에관한법률 제22조제1항"으로 한다.

제48조중 "보호관찰등에관한법률 제51조"를 "보호관찰등에관한법률 제48조"로 한다.

②이 법 시행당시 다른 법령에서 종전의 보호관찰등에관한법률의 규정을 인용하고 있는 경우에 이 법에 그에 해당하는 규정이 있는 때에는 종전의 규정에 갈음하여 이 법의 해당 조항을 인용한 것으로 본다.

부칙 〈제5453호, 1997. 12. 13.〉 (행정절차법의시행에따른 공인회계사법등의정비에관한법률)

제1조 (시행일) 이 법은 1998년 1월 1일부터 시행한다. 〈단서 생략〉

제2조 생략

부칙 〈제7078호, 2004. 1. 20.〉 (검찰청법)

제1조 (시행일) 이 법은 공포한 날부터 시행한다.

제2조 생략

제2조 (다른 법률의 개정) ①및 ②생략

③보호관찰등에관한법률중 다음과 같이 개정한다.

제7조제2항중 "검사장"을 "고등검찰청검사장"으로 한다.

④내지 ⑥생략

부칙 〈제7796호, 2005. 12. 29.〉 (국가공무원법)

제1조 (시행일) 이 법은 2006년 7월 1일부터 시행한다.

제2조 내지 제5조 생략

제6조 (다른 법률의 개정) ①내지 ㉝생략

㉞보호관찰등에관한법률 일부를 다음과 같이 개정한다.

제10조제1항중 "2급 내지 4급상당의 별정직 국가공무원"을 "3급 또는 4급상당의 별정직 국가공무원이나 고위공무원단에 속하는 별정직 국가공무원"으로 한다.

㉟내지 〈68〉생략

부칙 〈제8722호, 2007. 12. 21.〉 (소년법)

제1조 (시행일) 이 법은 공포 후 6개월이 경과한 날부터 시행한다.

제2조 부터 제4조까지 생략

제5조 (다른 법률의 개정) 보호관찰등에관한법률 일부를 다음과 같이 개정한다.

제3조제2항제2호 중 "제32조제3항의 규정에 의하여"를 "제32조에 따라"로 하고, 제26조제1항 중 "제32조제1항제6호·제7호의"를 "제32조제1항제8호부터 제10호까지의 어느 하나에 해당하는"으로 하며, 제49조제2항 중 "20세"를 "19세"로 한다.

제6조 생략

부칙 〈제8723호, 2007. 12. 21.〉 (보호소년 등의 처우에 관한 법률)

제1조 (시행일) 이 법은 공포 후 6개월이 경과한 날부터 시행한다.

제2조 및 제3조 생략

제4조 (다른 법률의 개정) ① 보호관찰등에관한법률 일부를 다음과 같이 개정한다.

제3조제1항제3호, 제6조제2호, 제3장제3절의 제목, 제22조의 제목, 같은 조 제1항, 제23조의 제목, 같은 조 제1항·제2항, 제25조, 제29조제1항, 제30조제4호, 제42조제1항제2호, 제48조의 제목, 같은 조 제1항·제2항, 제50조제2항, 제51조제1항제3호 및 제53조제1항 중 "가퇴원"을 각각 "임시퇴원"으로 한다.

② 생략

제5조 생략

부칙 〈제8728호, 2007. 12. 21.〉 (형의 집행 및 수용자의 처우에 관한 법률)

제1조 (시행일) 이 법은 공포 후 1년이 경과한 날부터 시행한다.

제2조 부터 제4조까지 생략

제5조 (다른 법률의 개정) ① 부터 ⑥ 까지 생략

⑦ 보호관찰등에관한법률 일부를 다음과 같이 개정한다.

제24조제1항 중 "행형법 제52조"를 "「형의 집행 및 수용자의 처우에 관한 법률」 제122조"로 한다.

제28조제1항 중 "행형법 제51조"를 "「형의 집행 및 수용자의 처우에 관한 법률」 제121조"로 한다.

제58조 중 "행형법 제49조 내지 제52조"를 "「형의 집행 및 수용자의 처우에 관한 법률」 제119조부터 제122조까지"로 한다.

⑧ 부터 ⑫ 까지 생략

제6조 생략

부칙 〈제9168호, 2008. 12. 26.〉

(시행일) 이 법은 공포 후 3개월이 경과한 날부터 시행한다.

(다른 법률의 개정) 지방세법 일부를 다음과 같이 개정한다.

제271조제3항 중 "한국갱생보호공단"을 "한국법무보호복지공단"으로 한다.

부칙 〈제9748호, 2009. 5. 28.〉

이 법은 공포 후 6개월이 경과한 날부터 시행한다.

부칙 〈제10220호, 2010. 3. 31.〉 (지방세특례제한법)

제1조(시행일) 이 법은 2011년 1월 1일부터 시행한다.

제2조 및 제3조 생략

제4조(다른 법률의 개정) ① 부터 ⑩ 까지 생략

⑪ 보호관찰 등에 관한 법률 일부를 다음과 같이 개정한다.

제95조 중 "「지방세법」"을 "「지방세특례제한법」"으로 한다.

⑫ 부터 ㊺ 까지 생략

제5조 생략

부칙 〈제12189호, 2014. 1. 7.〉

제1조(시행일) 이 법은 공포한 날부터 시행한다. 다만, 제55조의2의 개정규정은 공포 후 6개월이 경과한 날부터 시행한다.

제2조(보호관찰 심사위원회 상임위원의 임기제공무원 변경에 관한 경과조치) 이 법 시행 당시 재직 중인 보호관찰 심사위원회 상임위원은 이 법 시행일에 「국가공무원법」 제26조의5에 따른 임기제공무원으로 임용된 것으로 본다. 이 경우 그 임기는 상임위원으로 임명될 당시 임기의 남은 기간으로 한다.

부칙 〈제12590호, 2014. 5. 20.〉

제1조(시행일) 이 법은 공포 후 6개월이 경과한 날부터 시행한다.

제2조(이사장의 임기에 관한 경과조치) 이 법 시행 당시 재직 중인 이사장의 임기는 제76조제2항의 개정규정에도 불구하고 종전의 규정에 따른다.

부칙 〈제12888호, 2014. 12. 30.〉

제1조(시행일) 이 법은 공포한 날부터 시행한다. 다만, 제55조의3 및 제85조의 개정규정은 공포 후 6개월이 경과한 날부터 시행한다.

제2조(환경조사의 의뢰에 관한 적용례) 제26조제1항의 개정규정에 따른 환경조사의 의뢰는 이 법 시행 후 「소년법」 제32조제1항제7호의 보호처분을 받는 사람부터 적용한다.

제3조(가석방자의 보호관찰 종료사실 등에 대한 통보에 관한 적용례) 제55조의3의 개정규정에 따른 가석방자의 보호관찰 종료사실 등에 대한 통보는 같은 개정규정 제1항 각 호의 어느 하나에 해당하는 범죄를 저지른 가석방자의 보호관찰이 같은 개정규정 시행 후 종료되는 경우부터 적용한다.

제4조(구인한 보호관찰 대상자의 석방·유치, 유치 허가의 청구 및 유치기간에 관한 경과조치) 이 법 시행 전에 제39조 또는 제40조에 따라 구인한 보호관찰 대상자에 대한 석방·유치, 유치 허가의 청구 및 유치기간에 관하여는 제41조부터 제43조까지의 개정규정에도 불구하고 종전의 규정에 따른다.

부칙 〈제13712호, 2016. 1. 6.〉

이 법은 공포한 날부터 시행한다.

부칙 〈제14519호, 2016. 12. 27.〉 (산림보호법)

제1조(시행일) 이 법은 공포 후 1년 6개월이 경과한 날부터 시행한다. 〈단서 생략〉

제2조 및 제3조 생략

제4조(다른 법률의 개정) 보호관찰 등에 관한 법률 일부를 다음과 같이 개정한다.

제55조의3제1항제4호다목 중 "제4항"을 "제5항"으로 한다.

부칙 〈제16313호, 2019. 4. 16.〉

제1조(시행일) 이 법은 공포한 날부터 시행한다. 다만, 제45조의2 및 제46조의2부터 제46조의5까지의 개정규정은 공포 후 6개월이 경과한 날부터 시행한다.

제2조(보호관찰·사회봉사 및 수강의 종료에 관한 적용례) 제51조 및 제63조의 개정규정은 이 법 시행 전에 보호관찰 또는 사회봉사·수강명령 대상자가 된 사람에 대해서도 적용한다.

제3조(범죄경력자료 등의 조회 요청에 관한 적용례) 제55조의4의 개정규정은 이 법 시행 이후 보호관찰이 종료되는 사람부터 적용한다.

부칙 〈제16923호, 2020. 2. 4.〉 (전자장치 부착 등에 관한 법률)

제1조(시행일) 이 법은 공포 후 6개월이 경과한 날부터 시행한다.

제2조 및 제3조 생략

제4조(다른 법률의 개정) ① 보호관찰 등에 관한 법률 일부를 다음

과 같이 개정한다.

제55조의3제1항제1호 중 “「특정 범죄자에 대한 보호관찰 및 전자장치 부착 등에 관한 법률」”을 “「전자장치 부착 등에 관한 법률」”로 한다.

②부터 ④까지 생략

부칙 〈제17505호, 2020. 10. 20.〉 (보호소년 등의 처우에 관한 법률)

제1조(시행일) 이 법은 공포 후 6개월이 경과한 날부터 시행한다. 〈단서 생략〉

제2조 부터 제4조까지 생략

제5조(다른 법률의 개정) ① 보호관찰 등에 관한 법률 일부를 다음과 같이 개정한다.

제26조제1항 중 “소년의료보호시설”을 “의료재활소년원”으로 한다.

② 생략

부칙 〈제18299호, 2021. 7. 20.〉

이 법은 공포 후 6개월이 경과한 날부터 시행한다.

보호관찰 등에 관한 법률 시행령
(약칭 : 보호관찰법 시행령)

[시행 2022. 12. 27.] [대통령령 제33157호, 2022. 12. 27., 타법개정]

**개정 예정 법률 밑줄 별도 표시.

보호관찰 등에 관한 법률 시행령
(약칭 : 보호관찰법 시행령)

[시행 2022. 12. 27.] [대통령령 제33157호, 2022. 12. 27., 타법개정]

제1조(목적) 이 영은 「보호관찰 등에 관한 법률」(이하 "법"이라 한다)에서 위임된 사항과 그 시행에 관하여 필요한 사항을 규정함을 목적으로 한다. 〈개정 2006. 3. 23.〉

제2조(보호관찰심사위원회의 위원장) ①법 제5조의 규정에 의한 보호관찰심사위원회(이하 "심사위원회"라 한다)의 위원장은 심사위원회의 회무를 통할하고, 심사위원회를 대표하며, 심사위원회의 회의를 소집하고 그 의장이 된다.

②위원장이 부득이한 사유로 직무를 수행할 수 없는 때에는 위원장이 미리 지정한 위원이 그 직무를 대행한다.

제3조(위원의 자격 및 임명) ①심사위원회의 고위공무원단에 속하는 임기제공무원인 상임위원은 다음 각 호의 어느 하나에 해당하는 사람으로서 보호관찰에 관한 지식과 경험이 풍부한 사람 중에서 임명한다. 〈개정 2006. 6. 12., 2009. 3. 18., 2009. 11. 23., 2014. 6. 30., 2017. 2. 7., 2022. 12. 27.〉

1. 판사·검사 또는 변호사의 직에 5년 이상 재직한 사람

2. 대학에서 형사정책학·행형학·범죄학·사회사업학·교육학·심리학 그 밖에 보호관찰에 필요한 전문분야를 담당하는 조교수 이상의 직에 5년 이상 재직한 사람

3. 교원자격증 소지자로서 교원으로 15년 이상 재직한 사람

4. 보호직·교정직·검찰사무직 또는 법원사무직 국가공무원으로서 「고위공무원단 인사규정」 제7조제1항제1호, 같은 항 제2호 또는 같은 항 제4호에 해당하는 사람

5. 한국법무보호복지공단의 3급 이상 직원으로 5년 이상 재직한 사람

②심사위원회의 4급 임기제공무원인 상임위원은 다음 각 호의 어느 하나에 해당하는 사람으로서 보호관찰에 관한 지식과 경험이 풍부한 사람 중에서 임명한다. 〈개정 2009. 3. 18., 2009. 11. 23., 2014. 6. 30., 2017. 2. 7.〉

1. 판사·검사 또는 변호사의 자격이 있는 사람

2. 대학에서 형사정책학·행형학·범죄학·사회사업학·교육학·심리학 그 밖에 보호관찰에 필요한 전문분야를 담당하는 조교수 이상의 직에 재직한 사람

3. 교원자격증 소지자로서 교원으로 10년 이상 재직한 사람

4. 5급의 교정직·보호직·검찰사무직 또는 법원사무직 국가공무원으로 5년 이상 재직한 사람

5. 한국법무보호복지공단의 4급 직원으로 5년 이상 재직한 사람

③심사위원회의 상임위원이 아닌 위원은 위원장의 제청으로 법무부장관이 임명 또는 위촉한다.

제4조(심사위원회의 간사 및 서기) ①심사위원회에 간사와 서기를 두되, 심사위원회 소속 공무원 또는 심사위원회의 소재지를 관할하는 보호관찰소소속 공무원중에서 위원장이 임명한다. 〈개정 2006. 3. 23.〉

②간사는 위원장 및 상임위원의 명을 받아 심사위원회의 사무를 처리하고, 서기는 간사를 보조한다.

③간사는 회의에 참석하여 발언할 수 있다.

제5조(심사) ①심사위원회는 법 제6조에 규정된 사항을 심사함에 있어 필요한 경우에는 교도소·구치소·소년교도소 및 소년원(이하 "수용기관"이라 한다)의 장, 보호관찰관 기타 관계인을 출석시켜 의견을 듣거나 관계자료의 제출을 요청할 수 있다.

②국·공립기관 기타 단체는 법 제11조제3항의 규정에 의한 심사위원회의 요청이 있는 경우에는 특별한 사정이 없는 한 이에 협조하여야 한다.

③상임위원은 심사관계자료를 검토한 후 그 결과를 심사위원회에 보고하여야 한다.

제6조(의결 및 결정) ① 심사위원회는 법 제6조에 규정된 사항을 심사하여 의결하고, 위원장과 심사위원이 서명 또는 기명날인한 결정서를 작성하여야 한다.

② 법 제12조제2항에서 "대통령령으로 정하는 경우"란 다음 각 호의 경우를 말한다. 〈개정 2022. 1. 11.〉

1. 천재지변, 감염병 확산 등으로 위원이 출석하는 회의의 의사정족수를 채우기 어려운 경우

2. 다음 각 목의 의결사항에 대하여 긴급한 사유로 위원이 출석하는 회의를 개최할 시간적 여유가 없는 경우

가. 법 제24조제1항에 따른 가석방자에 대한 보호관찰의 필요 여부에 관한 결정

나. 법 제36조의2제3항에 따른 정신질환 보호관찰 대상자의 보호관찰 종료사실 통보 여부에 관한 결정

다. 법 제48조제1항에 따른 가석방 및 임시퇴원의 취소결정

라. 법 제52조제3항에 따른 보호관찰 임시해제 결정의 취소결정

마. 법 제53조제1항·제2항 및 제5항에 따른 보호관찰의 정지결정, 정지해제결정 또는 정지결정의 취소결정

바. 「전자장치 부착 등에 관한 법률」 제19조제1항에 따른 부착명령 임시해제의 취소결정

[전문개정 2009. 3. 18.]

제6조의2(교육훈련) ① 법무부장관은 법 제15조의 사무를 담당하는 보호관찰소 소속 공무원이 충분한 전문적 지식을 갖출 수 있도록 교육훈련과정을 운영하여야 한다.

② 법 제15조의 사무를 담당하는 보호관찰소 소속 공무원은 법무부령으로 정하는 바에 따라 제1항의 교육훈련과정을 이수하여야 한다.

③ 교육훈련과정에 관하여 필요한 사항은 법무부령으로 정한다.

[본조신설 2009. 11. 23.]

제7조(판결 및 결정 전 조사) 법원은 보호관찰소의 장에게 법 제19조제1항 또는 제19조의2제1항에 따른 조사를 요구하는 때에는 피고인 또는 소년의 인적사항 및 범죄사실의 요지를 통보하여야 한다.

이 경우 필요하다고 인정하는 때에는 참고자료를 송부할 수 있다. 〈개정 2009. 3. 18.〉

[제목개정 2009. 3. 18.]

제8조(~~수용~~기관의 장의 통보의무) ①~~수용~~기관의 장은 법 제21조제1항 및 제2항의 규정에 의하여 징역 또는 금고의 형의 선고를 받은 소년(이하 "소년수형자"라 한다) 및 보호소년에 대한 기간경과의 통보를 하는 때에는 기간경과통보서를 작성하여 관할심사위원회에 통보하여야 한다.

②~~수용~~기관의 장은 제1항의 규정에 의하여 통보한 사항 기타 신상에 관한 사항에 변동이 생긴 때에는 지체없이 관할심사위원회에 그 사실을 통보하여야 한다.

제9조(가석방·퇴원 및 임시퇴원의 신청) ~~수용~~기관의 장은 법 제22조에 따라 가석방, 퇴원 또는 임시퇴원의 심사를 신청하고자 하는 경우에는 소년수형자 또는 보호소년의 신상에 관한 사항, 범죄 및 비행에 관한 사항, 교정성적 등을 종합적으로 고려하여야 한다. 〈개정 2008. 6. 20., 2009. 3. 18.〉

[제목개정 2009. 3. 18.]

제10조(직권심사) 심사위원회는 법 제23조제2항, 법 제48조제1항, 법 제50조제1항, 법 제52조제1항·제3항 또는 법 제53조제1항의 규정에 의하여 직권으로 심사를 하는 경우에는 심사대상자를 ~~수용~~하는 ~~수용~~기관의 장 또는 관할보호관찰소의 장의 의견을 들어야 한다.

제11조(가석방등의 결정) ①심사위원회는 법 제23조에 따라 가석방, 퇴원 또는 임시퇴원의 적부를 심사하여 결정하는 경우에는 소년수형

자 또는 보호소년의 건전한 사회복귀를 위하여 가장 적당하다고 인정되는 시기와 다음 각호의 요건을 충족하였는지의 여부를 종합적으로 판단하여야 한다. 〈개정 2008. 6. 20., 2009. 3. 18.〉

1. 뉘우치는 빛이 뚜렷할 것
2. 자립·갱생의 의욕이 인정될 것
3. 재범의 염려가 없다고 인정될 것
4. 사회의 감정이 가석방, 퇴원 또는 임시퇴원을 용인한다고 인정될 것

②심사위원회는 법 제23조제3항의 규정에 의하여 보호관찰의 필요성 여부를 심사하여 결정하는 때에는 법 제26조의 규정에 의한 환경조사 또는 법 제27조의 규정에 의한 환경개선활동의 결과를 고려하여야 한다.

제12조(환경조사) ①수용기관의 장은 법 제26조제1항의 규정에 의하여 환경조사를 의뢰한 후 소년수형자 및 「소년법」 제32조제1항제8호부터 제10호까지의 어느 하나에 해당하는 보호처분을 받은 자(이하 "수용자"라 한다)의 신상에 변동이 있는 때에는 지체없이 거주예정지를 관할하는 보호관찰소의 장에게 그 사실을 통지하여야 한다. 〈개정 2006. 3. 23., 2009. 3. 18.〉

②법 제26조의 규정에 의한 환경조사는 다음 각호의 사항에 대하여 실시하여야 한다.

1. 인수인·가족관계 및 주변의 상황
2. 범죄 또는 비행에 관한 사회의 감정
3. 피해변상여부 및 피해자의 감정

4. 수용전의 직업 · 생활환경 및 교우관계

5. 석방후 취업계획 또는 생계의 전망

6. 범죄 또는 비행의 동기

7. 기타 참고사항

제13조(환경개선활동의 방법) 보호관찰소의 장은 법 제27조제1항의 규정에 의한 환경개선활동을 하는 경우에는 수용자와의 면접 또는 통신, 가족 및 관계인과의 협의, 수용기관 기타 관계기관의 협조 등의 방법으로 지속적으로 실시하여야 하며, 본인의 의사를 존중하고 본인 · 가족 및 관계인의 신뢰와 협력을 얻도록 노력하여야 한다.

제14조(보호관찰사안조사) 교도소 · 구치소 · 소년교도소의 장은 법 제28조제1항의 규정에 의하여 가석방심사신청대상자의 명단과 신상조사서를 심사위원회에 송부한 후 그 대상자의 신상에 변동이 있을 때에는 심사위원회에 그 사실을 통지하여야 한다.

제15조(수용기관의 장의 협조) 수용기관의 장은 심사위원회 또는 보호관찰소의 장으로부터 수용자와의 면접, 관계기록의 열람 등 필요한 협조요청을 받은 경우에는 이에 응하여야 한다.

제16조(보호관찰대상자의 신고의무) 법 제3조제1항의 규정에 의한 보호관찰대상자(이하 "보호관찰대상자"라 한다)는 다음 각 호의 어느 하나에 해당하는 때에는 10일이내에 주거지를 관할하는 보호관찰소에 출석하여 서면으로 법 제29조제2항의 규정에 의한 신고를 하여야 한다. 〈개정 2006. 3. 23., 2008. 6. 20., 2009. 3. 18., 2019. 11. 5.〉

1. 「형법」 제59조의2 또는 제62조의2의 규정에 의한 판결이 확

정된 때

2. 「형법」 제73조의2 또는 법 제25조에 따라 가석방 또는 임시퇴원된 때

3. 「소년법」 제32조제1항제4호 또는 제5호의 보호처분이 확정된 때

4. 다른 법률에 의하여 이 법에 의한 보호관찰을 받도록 명하는 판결 또는 결정이 확정된 때

제17조(준수사항의 부과 및 훈계) 법원 또는 심사위원회는 법 제32조의 규정에 의하여 보호관찰대상자에게 준수사항을 과할 때에는 보호관찰의 취지를 설명하고, 준수사항을 기재한 서면을 교부하여야 하며, 적절한 훈계를 할 수 있다.

제18조(주거이전등의 신고) ①보호관찰대상자는 법 제32조제2항제4호의 규정에 의한 신고를 할 때에는 법무부령이 정하는 바에 의하여 본인의 성명, 주거, 주거이전예정지 또는 여행지, 주거이전이유 또는 여행목적, 주거이전일자 또는 여행기간 등을 신고하여야 한다.

②보호관찰대상자가 다른 보호관찰소의 관할구역안으로 주거를 이전한 때에는 10일이내에 신주거지를 관할하는 보호관찰소에 출석하여 서면으로 주거이전의 사실을 신고하여야 한다.

제19조(특별준수사항) 법 제32조제3항제10호에서 “대통령령으로 정하는 사항”이란 다음 각 호의 사항을 말한다. 〈개정 2021. 1. 5.〉

1. 운전면허를 취득할 때까지 자동차(원동기장치자전거를 포함한다) 운전을 하지 않을 것

2. 직업훈련, 검정고시 등 학과교육 또는 성행(性行: 성품과 행실)

개선을 위한 교육, 치료 및 처우 프로그램에 관한 보호관찰관의 지시에 따를 것

3. 범죄와 관련이 있는 특정 업무에 관여하지 않을 것

4. 성실하게 학교수업에 참석할 것

5. 정당한 수입원에 의하여 생활하고 있음을 입증할 수 있는 자료를 정기적으로 보호관찰관에게 제출할 것

6. 흉기나 그 밖의 위험한 물건을 소지 또는 보관하거나 사용하지 아니할 것

7. 가족의 부양 등 가정생활에 있어서 책임을 성실히 이행할 것

8. 그 밖에 보호관찰 대상자의 생활상태, 심신의 상태, 범죄 또는 비행의 동기, 거주지의 환경 등으로 보아 보호관찰 대상자가 준수할 수 있고 자유를 부당하게 제한하지 아니하는 범위에서 개선·자립에 도움이 된다고 인정되는 구체적인 사항

[전문개정 2009. 11. 23.]

제19조의2(준수사항의 추가 등 신청) ① 보호관찰소의 장은 법 제32조제4항에 따라 준수사항의 추가, 변경 또는 삭제를 신청하는 경우에는 다음 각 호의 사항을 적은 서면으로 하여야 한다. 〈개정 2019. 11. 5.〉

1. 보호관찰 대상자의 성명, 주민등록번호, 직업 및 주거

2. 신청의 취지

3. 준수사항의 추가, 변경 또는 삭제를 필요로 하는 사유

② 보호관찰소의 장은 제1항의 신청을 할 때 신청사유를 소명할 수 있는 자료를 제출하여야 한다.

③ 법원 또는 심사위원회는 제1항에 따른 신청의 심리를 위하여 필요한 경우에는 담당보호관찰관을 출석시켜 의견을 들을 수 있고, 보호관찰 대상자를 소환하여 심문하거나 필요한 사항을 조사할 수 있다.

[본조신설 2009. 11. 23.]

[제목개정 2019. 11. 5.]

제19조의3(분류처우계획의 수립 등) ① 보호관찰소의 장은 법 제33조의2에 따른 분류처우(이하 이 조에서 "분류처우"라 한다)를 하기 위하여 보호관찰 대상자의 개별적 특성에 알맞은 분류처우계획을 수립하여 시행하여야 한다.

② 보호관찰소의 장은 분류처우를 하기 위하여 보호관찰 대상자의 재범가능성, 사회생활 적응가능성 등 필요한 사항을 조사하여야 한다.

③ 보호관찰소의 장은 분류처우를 하기 위하여 보호관찰 대상자에 대한 심리검사 등 필요한 검사를 할 수 있고, 필요한 경우 외부전문가로부터 의견을 듣거나 검사를 의뢰할 수 있다.

[본조신설 2009. 11. 23.]

제20조(응급구호의 범위) ①법 제35조의 규정에 의한 응급구호는 다음 각호의 1에 해당하는 경우에 실시할 수 있다.

1. 질병·부상 기타 긴급한 사유의 발생으로 보호관찰대상자의 생명·신체에 중대한 위험이 예상되는 경우

2. 보호자 또는 부양의무자의 부양능력이 없어 구호가 불가피한 경우

3. 기타 응급구호를 함이 적절하다고 판단되는 경우

②보호관찰소의 장은 법 제35조의 규정에 의하여 응급구호를 하고자 하는 경우에는 예산의 범위안에서 이를 실시할 수 있다.

제20조의2(정신질환 보호관찰 종료사실 통보 절차 등) ① 보호관찰소의 장은 법 제36조의2제2항에 따라 정신질환 보호관찰 대상자의 보호관찰 종료사실 통보를 위한 심사위원회의 심사를 받으려는 경우에는 다음 각 호의 사항을 적은 신청서에 진단서 또는 진료확인서 등을 첨부하여 제출하여야 한다.

1. 정신질환 보호관찰 대상자의 각 목의 사항

가. 성명

나. 주민등록번호

다. 직업

라. 주거

마. 죄명, 형명 및 형기

바. 보호관찰 개시일 및 종료일

사. 병명 및 치료 이력

2. 종료사실 통보가 필요한 이유

3. 그 밖에 재범 위험성과 치료 필요성을 판단하는 데 참고할 사항

② 보호관찰소의 장이 법 제36조의2제2항에 따라 통보하는 정보의 구체적인 범위는 다음 각 호와 같다.

1. 정신질환 보호관찰 대상자의 각 목의 사항

가. 성명

나. 주민등록번호

다. 주거

라. 연락처

마. 보호관찰 종료일

바. 병명 및 치료 이력

2. 그 밖에 보호관찰소의 장이 범죄예방 및 치료에 필요하다고 인정하는 사항

③ 보호관찰소의 장은 경찰관서의 장에게 법 제36조의2제2항에 따른 종료사실 통보를 하는 경우에는 제2항 각 호의 사항에 관한 전자기록을 「형사사법절차 전자화 촉진법」에 따른 형사사법정보시스템에 등록하여 경찰관서의 장이 그 전자기록을 조회하게 하는 방식으로 할 수 있다.

[본조신설 2022. 1. 11.]

제21조(보호관찰대상자등의 소환 및 조사) ①보호관찰소의 장은 법 제37조제1항의 규정에 의하여 보호관찰대상자 기타 관계인을 소환하고자 하는 경우에는 출석요구서를 발부하여야 한다. 다만, 긴급을 요하는 등 출석요구서를 발부하기에 적당하지 아니한 경우에는 다른 방법에 의할 수 있다.

②보호관찰관은 보호관찰대상자 기타 관계인을 소환하여 조사한 때에는 그 조사내용을 서면으로 작성하여야 한다.

제22조(보호관찰대상자에 대한 경고) 보호관찰소의 장은 법 제38조의 규정에 의하여 경고를 하는 때에는 보호관찰대상자에게 경고이유 등을 서면으로 고지하여야 한다.

제23조(구인신청의 방식) 보호관찰소의 장은 법 제39조제1항의 규

정에 의하여 보호관찰대상자의 구인을 신청하는 때에는 다음 각호의 사항을 기재한 서면에 의하여야 한다. 〈개정 2009. 11. 23.〉

1. 구인대상자의 성명·주민등록번호·직업 및 주거

2. 법 제39조제1항에 해당하는 사실의 요지

3. 구인을 필요로 하는 사유

4. 인치할 장소 및 유치할 장소

5. 구인장의 유효기간

6. 여러 통의 구인장을 청구하는 때에는 그 취지 및 사유

제24조(구인장의 방식) 법 제39조제1항의 규정에 의하여 판사가 발부하는 구인장에는 청구한 검사의 관직·성명 및 제23조 각호의 사항을 기재하여야 한다.

제25조(구인장의 집행의뢰) 보호관찰관은 법 제39조제2항 단서의 규정에 의하여 사법경찰관리에게 구인장의 집행을 의뢰하는 때에는 그 사유를 기재한 서면으로 하되, 검사의 지휘를 받아야 한다.

제26조(긴급구인승인신청등) ①법 제40조제2항에 따른 긴급구인승인신청은 보호관찰대상자를 구인한 때부터 12시간 이내에 하여야 한다. 〈개정 2017. 2. 7.〉

②법 제40조제2항에 따른 긴급구인서에는 다음 각 호의 사항을 기재하여야 한다. 〈개정 2009. 11. 23., 2017. 2. 7.〉

1. 긴급구인한 보호관찰대상자의 성명·주민등록번호·처분명·주거·직업·보호관찰사건번호 및 보호관찰기간

2. 긴급구인한 일시 및 장소

3. 긴급구인한 사유

4. 인치한 일시 및 장소

5. 유치할 장소

제27조(구인후 조사 및 심문) ①보호관찰관은 구인된 보호관찰대상자를 보호관찰소등에 인치한 때에는 지체없이 조사하여야 한다.

②제1항의 경우 보호관찰관은 보호관찰대상자에게 심문에 대하여 진술을 거부할 수 있으며 본인에게 유리한 사실에 대하여 진술을 할 수 있다는 취지를 고지하여야 한다.

③보호관찰소의 장은 제1항의 규정에 의한 조사결과 보호관찰대상자를 법 제42조의 규정에 의하여 유치할 필요가 없다고 판단되는 때에는 즉시 석방하여야 한다.

제28조(유치허가신청의 방식) 보호관찰소의 장은 법 제42조제2항의 규정에 의하여 보호관찰대상자의 유치허가신청을 하는 때에는 다음 각호의 사항을 기재한 서면에 의하여야 한다. 〈개정 2009. 11. 23.〉

1. 유치대상자의 성명 · 주민등록번호 · 직업 및 주거

2. 유치를 필요로 하는 사유

3. 유치할 장소

제29조(유치허가장의 방식) 법 제42조제2항의 규정에 의하여 판사가 발부하는 유치허가장에는 청구한 검사의 관직 · 성명 · 발부일시 및 제28조 각호의 사항을 기재하여야 한다.

제30조(구인 · 긴급구인승인 및 유치허가신청의 관할) 보호관찰소의 장은 그 소재지를 관할하는 지방검찰청 또는 지청의 검사에게 구인 · 긴급구인승인 및 유치허가의 신청을 한다.

제31조(유치기간연장결정의 통지) 법원은 법 제43조제2항의 규정에

의하여 유치기간을 연장한 때에는 지체없이 보호관찰소의 장에게 그 사실을 통지하여야 한다.

제32조(보호관찰을 조건으로 한 형의 선고유예의 실효 및 집행유예의 취소청구신청등) ①보호관찰소의 장은 법 제47조제1항의 규정에 의한 신청을 하는 때에는 다음 각호의 사항을 기재한 서면에 의하여야 한다. 〈개정 2009. 11. 23.〉

1. 보호관찰대상자의 성명·주민등록번호·직업 및 주거
2. 신청의 취지
3. 실효 및 취소를 필요로 하는 사유
4. 기타 보호관찰을 계속할 수 없는 사유

②검사는 법 제47조제1항의 규정에 의한 청구를 하는 때에는 보호관찰소의 장이 제1항의 규정에 의하여 제출한 서면을 첨부하고, 그 사유를 소명하여야 한다.

③법원은 법 제47조제1항의 규정에 의한 청구의 심리를 위하여 필요하다고 인정하는 때에는 담당보호관찰관을 출석시켜 의견을 들을 수 있다.

제33조(취소청구신청에 대한 결과 통지) 검사는 법 제42조제1항제1호의 신청을 기각한 때 또는 보호관찰을 조건으로 한 형의 선고유예의 실효 및 집행유예의 취소청구에 대한 법원의 결정이 있는 때에는 지체없이 보호관찰소의 장에게 그 사실을 통지하여야 한다.

제34조(가석방 및 임시퇴원의 취소와 재수용) ①수용기관의 장은 법 제48조의 규정에 의하여 가석방 또는 임시퇴원이 취소된 보호관찰대상자를 지체없이 수용기관에 재수용하여야 한다. 〈개정 2008. 6. 20.〉

②제1항의 경우 재수용을 위하여 필요한 때에는 수용기관 소재지를 관할하는 지방검찰청 또는 지청의 검사에게 구인을 의뢰할 수 있다.

[제목개정 2008. 6. 20.]

제35조(보호처분의 변경신청) ①보호관찰소의 장은 법 제49조제1항의 규정에 의하여 보호처분의 변경을 신청하는 때에는 다음 각호의 사항을 기재한 서면에 의하여야 한다. 〈개정 2009. 11. 23.〉

1. 보호관찰대상자의 성명 · 주민등록번호 · 직업 및 주거
2. 신청의 취지
3. 처분변경을 필요로 하는 사유
4. 기타 보호관찰을 계속할 수 없는 사유

②제1항제3호 및 제4호의 사유는 이를 소명하여야 한다.

③법원은 제1항의 규정에 의한 신청의 심리를 위하여 필요하다고 인정하는 때에는 담당보호관찰관을 출석시켜 의견을 들을 수 있으며, 보호관찰대상자를 심문하거나 필요한 사항을 조사 · 심리할 수 있다.

제36조(보호관찰정지자 소재 파악시의 통보) 보호관찰소의 장은 보호관찰정지중인 자의 소재를 파악한 때에는 지체없이 심사위원회에 그 사실을 통보하여야 한다.

제36조의2(기부금품의 접수 등) ① 보호관찰소의 장은 법 제55조의2제1항에 따라 기부금품을 접수하는 경우 기부자에게 영수증을 발급하여야 한다. 다만, 익명으로 기부하거나 기부자를 알 수 없는 경우에는 영수증을 발급하지 아니할 수 있다.

② 보호관찰소의 장은 제1항에 따른 기부자가 다음 각 호의 어느 하나의 경우에 해당하는 사실을 알게 된 경우에는 기부금품을 접수해서는 아니 된다.

1. 기부자가 보호관찰 대상자인 경우

2. 기부자가 보호관찰 대상자와 친족이거나 친족이었던 경우

3. 그 밖에 기부자가 보호관찰 대상자와 직접적인 이해관계가 있다고 인정되는 기관·단체 또는 사람인 경우

③ 보호관찰소의 장은 제1항에 따른 기부자가 기부금품의 용도를 지정한 경우에는 그 용도로만 사용하여야 한다. 다만, 기부자가 지정한 용도로 사용하기 어려운 경우에는 특별한 사정이 없는 한 기부자의 동의를 받아 다른 용도로 사용할 수 있다.

④ 보호관찰소의 장은 모든 기부금의 수입 및 지출을 기부금 전용계좌를 통하여 처리하여야 한다.

⑤ 보호관찰소의 장은 기부금품의 접수현황 및 사용실적 등에 관한 장부를 갖추어 두고 기부자가 열람할 수 있도록 하여야 한다.

⑥ 보호관찰소의 장은 매 반기별로 기부금품의 접수현황 및 사용실적 등에 관한 사항을 법무부장관에게 보고하여야 한다

[본조신설 2014. 6. 30.]

제36조의3(보호관찰 종료사실 등의 통보 절차) 법 제55조의3제1항에 따른 가석방자의 보호관찰 종료사실 등의 통보는 보호관찰소의 장이 관리하는 법 제55조의3제2항 각 호에 대한 전자기록을 「형사사법절차 전자화 촉진법」 제2조제4호에 따른 형사사법정보시스템에 등록하고, 경찰관서의 장이 이를 조회하는 방식 등으로 할 수 있다.

[본조신설 2015. 6. 22.]

제37조(사회봉사 · 수강명령 집행위탁의 통보) 보호관찰관이 법 제61조제2항의 규정에 의하여 사회봉사명령 또는 수강명령의 집행위탁 사실을 법원 또는 법원의 장에게 통보하는 때에는 집행위탁을 받은 기관의 명칭 및 주소, 위탁인원, 집행위탁의 내용 등을 기재한 서면에 의하여야 한다.

제38조(사회봉사 · 수강명령 집행위탁의 취소에 따른 조치) 법원이 법 제61조제3항의 규정에 의하여 사회봉사명령 또는 수강명령의 집행위탁을 취소한 경우에는 보호관찰관이 남은 기간의 사회봉사명령 또는 수강명령을 직접 집행하거나 적합한 다른 국 · 공립기관 기타 단체에 위탁하여 집행하여야 한다.

제39조(준용) ①제16조(보호관찰대상자의 신고의무) · 제17조(준수사항의 부과 및 훈계) · 제18조(주거이전등의 신고) · 제19조(특별준수사항) 및 제20조(응급구호의 범위)의 규정은 법 제3조제2항의 규정에 의한 사회봉사 · 수강명령대상자(이하 이 조에서 "사회봉사 · 수강명령대상자"라 한다)에 대하여 이를 준용한다.

② 사회봉사 · 수강명령 대상자의 준수사항이나 명령 위반에 따른 경고, 구인, 유치, 집행유예 취소 및 보호처분 변경 등에 관하여는 제21조부터 제33조까지 및 제35조를 준용한다. 〈개정 2009. 3. 18.〉

제40조(갱생보호) ①법 제65조제1항에 따른 갱생보호는 갱생보호를 받을 사람(이하 "갱생보호 대상자"라 한다)이 친족 또는 연고자 등으로부터 도움을 받을 수 없거나 이들의 도움만으로는 충분하지 아니한 경우에 한하여 행한다. 〈개정 2014. 11. 19.〉

②갱생보호를 하는 경우에는 미리 갱생보호 대상자로 하여금 자립 계획을 수립하게 할 수 있다. 〈개정 2014. 11. 19.〉

제41조(숙식 제공) ①법 제65조제1항제1호에 따른 숙식 제공은 생활관 등 갱생보호시설에서 갱생보호 대상자에게 숙소·음식물 및 의복 등을 제공하고 정신교육을 하는 것으로 한다. 〈개정 2014. 11. 19.〉

②제1항의 규정에 의한 숙식제공은 6월을 초과할 수 없다. 다만, 필요하다고 인정하는 때에는 매회 6월의 범위내에서 3회에 한하여 그 기간을 연장할 수 있다. 〈개정 2006. 12. 21.〉

③제1항의 규정에 의하여 숙식을 제공한 경우에는 법무부장관이 정하는 바에 의하여 소요된 최소한의 비용을 징수할 수 있다.

[제목개정 2014. 11. 19.]

제41조의2(주거 지원) 법 제65조제1항제2호에 따른 주거 지원은 갱생보호 대상자에게 주택의 임차에 필요한 지원을 하는 것으로 한다.

[본조신설 2014. 11. 19.]

제41조의3(창업 지원) 법 제65조제1항제3호에 따른 창업 지원은 갱생보호 대상자에게 창업에 필요한 사업장 임차보증금 등을 지원하는 것으로 한다.

[본조신설 2014. 11. 19.]

제42조 삭제 〈2014. 11. 19.〉

제43조 삭제 〈2014. 11. 19.〉

제44조(직업훈련) ①법 제65조제1항제4호에 따른 직업훈련은 갱생보호 대상자에게 취업에 필요한 기능훈련을 시키고 자격 취득을 위한 교육을 하는 것으로 한다. 〈개정 2014. 11. 19.〉

②제1항의 규정에 의한 직업훈련은 다른 직업훈련기관에 위탁하여 행할 수 있다.

제45조(취업 지원) 법 제65조제1항제4호에 따른 취업 지원은 갱생보호 대상자에게 직장을 알선하고 필요한 경우 신원을 보증하는 것으로 한다. <개정 2014. 11. 19.>

[제목개정 2014. 11. 19.]

제45조의2(출소예정자 사전상담) ① 법 제65조제1항제5호에 따른 출소예정자 사전상담은 출소예정자에게 출소 전에 갱생보호의 방법을 안내하고 자립계획 등에 대하여 상담을 실시하는 것으로 한다.

② 갱생보호사업의 허가를 받은 자 또는 법 제71조에 따른 한국법무보호복지공단(이하 "공단"이라 한다)은 제1항의 상담을 위하여 수용기관의 장에게 출소예정자의 수용자 번호를 통보하여 줄 것을 요청할 수 있다. 이 경우 수용기관의 장은 특별한 사유가 없으면 이에 협조하여야 한다.

[본조신설 2014. 11. 19.]

제45조의3(갱생보호 대상자의 가족에 대한 지원) 법 제65조제1항제6호에 따른 갱생보호 대상자의 가족에 대한 지원은 갱생보호 대상자의 가족에게 심리상담 및 심리치료, 취업 지원, 학업 지원 등을 하는 것으로 한다.

[본조신설 2014. 11. 19.]

제45조의4(심리상담 및 심리치료) 법 제65조제1항제7호에 따른 심리상담 및 심리치료는 갱생보호 대상자에게 심리적 안정과 사회적응을 위한 상담 및 「정신건강증진 및 정신질환자 복지서비스 지원에

관한 법률」에 따른 정신건강전문요원 등 전문가에 의한 치료를 실시하는 것으로 한다. 〈개정 2017. 5. 29.〉

[본조신설 2014. 11. 19.]

제45조의5(사후관리) 법 제65조제1항제8호에 따른 사후관리는 같은 항 제1호부터 제7호까지 또는 제9호의 갱생보호를 받은 갱생보호 대상자에게 사회복귀 상황을 점검하여 필요한 조언을 하는 것으로 한다.

[본조신설 2014. 11. 19.]

제46조(자립 지원) 법 제65조제1항제9호에 따른 갱생보호 대상자에 대한 자립 지원은 사회복지시설에의 의탁 알선, 가족관계 등록 창설, 주민등록, 결혼 주선, 입양 및 의료 시혜 등 갱생보호 대상자의 자립을 위하여 필요한 사항을 지원하는 것으로 한다. 〈개정 2014. 11. 19.〉

[전문개정 2012. 4. 18.]

제46조의2(갱생보호 대상자 수용기간 등의 통보 요청) ① 갱생보호 사업의 허가를 받은 자 또는 공단은 갱생보호 대상자의 적절한 보호를 위하여 필요한 경우 갱생보호 대상자의 동의를 받아 수용기관의 장에게 다음 각 호의 사항을 통보하여 줄 것을 요청할 수 있다.

1. 수용기간
2. 가족 관계 및 보호자 관계
3. 직업경력 및 학력
4. 생활환경
5. 성장과정

6. 심리적 특성

7. 범행내용 및 범죄횟수

② 제1항의 요청을 받은 수용기관의 장은 특별한 사유가 없으면 이에 협조하여야 한다.

[본조신설 2014. 11. 19.]

제47조(공단의 기부금품 접수 등) 법 제85조에 따른 기부금품의 접수 등에 관하여는 제36조의2제1항 및 제3항부터 제6항까지의 규정을 준용한다. 이 경우 "보호관찰소의 장"은 "공단"으로 본다.

[본조신설 2015. 6. 22.]

제48조(기금의 운용·관리) 공단은 법 제86조에 따라 설치된 갱생보호기금(이하 "기금"이라 한다)을 별도 계정으로 관리하여야 한다. 〈개정 2009. 3. 18., 2014. 11. 19.〉

제49조(기금의 운용·관리계획) ①공단은 매년 다음 회계연도의 기금의 운용·관리계획을 법 제84조제2항의 규정에 의한 사업계획 및 예산에 포함시켜 법무부장관에게 제출하여야 한다.

②제1항의 규정에 의한 운용·관리계획에는 다음 각호의 사항이 포함되어야 한다.

1. 기금의 재원별 조성계획

2. 기금의 사업별·재원별 사용계획 및 그 사업내용과 기금의 용도를 설명하는 내역

제50조(기금운용에 관한 보고) ①공단은 매 회계연도의 기금운용에 관한 결산결과를 법 제84조제3항의 규정에 의한 전년도의 사업실적과 결산에 포함시켜 법무부장관에게 보고하여야 한다.

②제1항의 규정에 의한 결산결과보고에는 다음 각호의 서류를 첨부하여야 한다.

1. 당해 연도의 대차대조표와 손익계산서

2. 당해 연도의 잉여금계산서와 잉여금처분계산서

3. 수입 및 지출계산서

4. 기타 법무부장관이 정하는 재무제표부속명세서

제51조(민감정보 및 고유식별정보의 처리) ① 심사위원회는 법 제11조에 따른 심사 및 법 제21조에 따른 통보의 접수에 관한 사무를 수행하기 위하여 불가피한 경우 「개인정보 보호법」 제23조에 따른 건강에 관한 정보, 같은 법 시행령 제18조제2호에 따른 범죄경력자료에 해당하는 정보, 같은 영 제19조제1호 또는 제4호에 따른 주민등록번호 또는 외국인등록번호가 포함된 자료를 처리할 수 있다.

② 보호관찰소의 장은 다음 각 호의 사무를 수행하기 위하여 불가피한 경우 제1항에 따른 개인정보가 포함된 자료를 처리할 수 있다. 〈개정 2014. 6. 30., 2014. 11. 19., 2015. 6. 22., 2019. 11. 5., 2022. 1. 11.〉

1. 법 제15조제3호에 따른 선도 업무에 관한 사무

1의2. 법 제15조제6호에 따른 사무(「소년법」 제32조의2제3항에 따른 보호자에 대한 특별교육에 한정한다)

1의3. 법 제19조에 따른 판결 전 조사에 관한 사무

1의4. 법 제19조의2에 따른 결정 전 조사에 관한 사무

1의5. 법 제26조에 따른 환경조사에 관한 사무

2. 법 제29조에 따른 보호관찰 개시 및 신고에 관한 사무

3. 법 제32조제4항에 따른 보호관찰대상자의 준수사항 추가, 변경 또는 삭제 신청에 관한 사무

3의2. 법 제36조의2제2항에 따른 종료사실 통보에 관한 사무

4. 법 제37조제1항에 따른 보호관찰 대상자 등의 조사에 관한 사무

4의2. 법 제39조에 따른 구인에 관한 사무

5. 법 제48조제1항에 따른 가석방 및 임시퇴원의 취소 신청에 관한 사무

6. 법 제50조제1항에 따른 부정기형의 종료 신청에 관한 사무

7. 법 제52조제1항에 따른 보호관찰의 임시해제 신청에 관한 사무

8. 법 제53조제1항·제2항에 따른 보호관찰의 정지 또는 정지해제 신청에 관한 사무와 보호관찰 정지자 관리에 관한 사무

9. 법 제55조에 따른 보호관찰사건의 이송에 관한 사무

10. 법 제55조의2에 따른 기부금품의 접수에 관한 사무

10의2. 법 제61조에 따른 사회봉사명령·수강명령의 집행에 관한 사무

10의3. 법 제62조에 따른 사회봉사명령·수강명령 대상자의 신고에 관한 사무

11. 제16조 및 제18조제2항에 따른 보호관찰대상자 신고의 관리에 관한 사무

③ 법무부장관은 다음 각 호의 사무를 수행하기 위하여 불가피한 경우 제1항에 따른 개인정보가 포함된 자료를 처리할 수 있다. 〈신설 2014. 8. 6.〉

1. 법 제18조에 따른 범죄예방 자원봉사위원의 위촉 등에 관한

사무

2. 법 제78조에 따른 공단 임원의 결격사유 확인에 관한 사무

3. 법 제79조에 따른 공단 임원의 해임 및 해촉에 관한 사무

④ 검사는 법 제32조제4항에 따른 보호관찰대상자의 준수사항 추가, 변경 또는 삭제 청구에 관한 사무를 수행하기 위하여 불가피한 경우 제1항에 따른 개인정보가 포함된 자료를 처리할 수 있다. 〈개정 2014. 6. 30., 2014. 8. 6., 2019. 11. 5.〉

⑤ 보호관찰소의 장, 갱생보호사업의 허가를 받은 자 또는 공단은 법 제66조에 따른 갱생보호의 신청 및 조치에 관한 사무를 수행하기 위하여 불가피한 경우 제1항에 따른 개인정보가 포함된 자료를 처리할 수 있다. 〈신설 2014. 6. 30., 2014. 8. 6.〉

⑥ 공단은 법 제85조에 따른 기부금품의 접수에 관한 사무를 수행하기 위하여 불가피한 경우 「개인정보 보호법 시행령」 제19조제1호 또는 제4호에 따른 주민등록번호 또는 외국인등록번호가 포함된 자료를 처리할 수 있다. 〈신설 2015. 6. 22.〉

[본조신설 2012. 1. 6.]

제52조(과태료의 부과기준) 법 제101조제1항에 따른 과태료의 부과기준은 별표와 같다.

[본조신설 2018. 7. 3.]

부칙 〈제15217호, 1996. 12. 31.〉

①(시행일) 이 영은 1997년 1월 1일부터 시행한다.

②(다른 법령과의 관계) 이 영 시행당시 다른 법령에서 종전의 보

호관찰등에관한법률시행령의 규정을 인용하고 있는 경우에 이 영에 그에 해당하는 규정이 있는 때에는 종전의 규정에 갈음하여 이 영의 해당조항을 인용한 것으로 본다.

부칙 〈제15598호, 1997. 12. 31.〉 (행정절차법의시행에따른 관세법시행령등의개정령)

이 영은 1998년 1월 1일부터 시행한다.

부칙 〈제19392호, 2006. 3. 23.〉

이 영은 공포한 날부터 시행한다.

부칙 〈제19513호, 2006. 6. 12.〉 (고위공무원단 인사규정)

제1조 (시행일) 이 영은 2006년 7월 1일부터 시행한다.

제2조 및 제3조 생략

제4조 (다른 법령의 개정) ①내지 〈105〉생략

〈106〉보호관찰등에관한법률시행령 일부를 다음과 같이 개정한다.

제3조제1항 각호외의 부분중 “2급 또는 3급상당 상임위원”은 “3급상당 별정직공무원 또는 고위공무원단에 속하는 별정직공무원인 상임위원”으로 하고, 동항제4호중 “3년이상”을 “3년 이상(해당분야에서 고위공무원단에 속하는 일반직공무원으로 근무한 경력을 포함한다)”로 한다.

〈107〉내지 〈241〉생략

부칙 〈제19755호, 2006. 12. 21.〉

이 영은 공포한 날부터 시행한다.

부칙 〈제20830호, 2008. 6. 20.〉 (보호소년 등의 처우에 관한 법률 시행령)

제1조(시행일) 이 영은 2008년 6월 22일부터 시행한다.

제2조 생략

제3조(다른 법령의 개정) 보호관찰등에관한법률시행령 일부를 다음과 같이 개정한다.

제9조의 제목, 같은 조 제목 외의 부분, 제11조제1항 각 호 외의 부분, 같은 항 제4호, 제16조제2호, 제34조의 제목 및 같은 조 제1항 중 "가퇴원"을 각각 "임시퇴원"으로 한다.

제4조 생략

부칙 〈제21350호, 2009. 3. 18.〉

제1조(시행일) 이 영은 2009년 3월 27일부터 시행한다.

제2조(다른 법령의 개정) ① 군행형법시행령 일부를 다음과 같이 개정한다.

제105조 본문 중 "한국갱생보호공단"을 "한국법무보호복지공단"으로 한다.

② 법무부와 그 소속기관 직제 일부를 다음과 같이 개정한다.

제11조제2항제41호 중 "한국갱생보호공단"을 "한국법무보호복지공단"으로 한다.

③ 형의 집행 및 수용자의 처우에 관한 법률 시행령 일부를 다음과 같이 개정한다.

제144조 중 “한국갱생보호공단”을 “한국법무보호복지공단”으로 한다.

부칙 〈제21840호, 2009. 11. 23.〉

이 영은 2009년 11월 29일부터 시행한다.

부칙 〈제23488호, 2012. 1. 6.〉 (민감정보 및 고유식별정보 처리 근거 마련을 위한 과세자료의 제출 및 관리에 관한 법률 시행령 등 일부개정령)

제1조(시행일) 이 영은 공포한 날부터 시행한다. 〈단서 생략〉

제2조 생략

부칙 〈제23737호, 2012. 4. 18.〉

이 영은 공포한 날부터 시행한다.

부칙 〈제24549호, 2013. 5. 31.〉 (특정 범죄자에 대한 보호관찰 및 전자장치 부착 등에 관한 법률 시행령)

제1조(시행일) 이 영은 공포한 날부터 시행한다. 〈단서 생략〉

제2조 생략

제3조(다른 법령의 개정) 보호관찰 등에 관한 법률 시행령 일부를 다음과 같이 개정한다.

제6조제2항제5호 중 “「특정 성폭력범죄자에 대한 위치추적 전자장치부착에 관한 법률」 제19조제1항”을 “「특정 범죄자에 대한 보호관찰 및 전자장치 부착 등에 관한 법률」 제19조제1항”으로 한다.

부칙 〈제25412호, 2014. 6. 30.〉

이 영은 공포한 날부터 시행한다. 다만, 제36조의2 및 제51조제2항제10호의 개정규정은 2014년 7월 8일부터 시행한다.

부칙 〈제25532호, 2014. 8. 6.〉 (민감정보 및 고유식별정보 처리 근거 마련을 위한 공공기관의 운영에 관한 법률 시행령 등 일부개정령)

이 영은 2014년 8월 7일부터 시행한다.

부칙 〈제25731호, 2014. 11. 19.〉

이 영은 2014년 11월 21일부터 시행한다. 다만, 제51조제2항의 개정규정은 공포한 날부터 시행한다.

부칙 〈제26326호, 2015. 6. 22.〉

이 영은 2015년 7월 1일부터 시행한다. 다만, 제51조제2항의 개정규정은 공포한 날부터 시행한다.

부칙 〈제27850호, 2017. 2. 7.〉

이 영은 공포한 날부터 시행한다.

부칙 〈제28074호, 2017. 5. 29.〉 (정신건강증진 및 정신질환자 복지서비스 지원에 관한 법률 시행령)

제1조(시행일) 이 영은 2017년 5월 30일부터 시행한다.

제2조 생략

제3조(다른 법령의 개정) ①부터 ⑦까지 생략

⑧ 보호관찰 등에 관한 법률 시행령 일부를 다음과 같이 개정한다.

제45조의4 중 "「정신보건법」에 따른 정신보건전문요원"을 "「정신건강증진 및 정신질환자 복지서비스 지원에 관한 법률」에 따른 정신건강전문요원"으로 한다.

⑨부터 ㉔까지 생략

제4조 생략

부칙 〈제29017호, 2018. 7. 3.〉

이 영은 공포한 날부터 시행한다.

부칙 〈제30184호, 2019. 11. 5.〉

이 영은 공포한 날부터 시행한다.

부칙 〈제30908호, 2020. 8. 5.〉 (전자장치 부착 등에 관한 법률 시행령)

제1조(시행일) 이 영은 2020년 8월 5일부터 시행한다.

제2조(다른 법령의 개정) ① 보호관찰 등에 관한 법률 시행령 일부를 다음과 같이 개정한다.

제6조제2항제5호 중 "「특정 범죄자에 대한 보호관찰 및 전자장치 부착 등에 관한 법률」"을 "「전자장치 부착 등에 관한 법률」"로 한다.

② 및 ③ 생략

부칙 〈제31380호, 2021. 1. 5.〉 (어려운 법령용어 정비를 위한 473개 법령의 일부개정에 관한 대통령령)

이 영은 공포한 날부터 시행한다. 〈단서 생략〉

부칙 〈제32330호, 2022. 1. 11.〉

이 영은 2022년 1월 21일부터 시행한다.

부칙 〈제33157호, 2022. 12. 27.〉 (고위공무원단 인사규정)

제1조(시행일) 이 영은 공포한 날부터 시행한다.

제2조 생략

제3조(다른 법령의 개정) 보호관찰 등에 관한 법률 시행령 일부를 다음과 같이 개정한다.

제3조제1항제4호 중 "제2호가목"을 "제2호"로 한다.

별표 / 서식

[별표] 과태료의 부과기준(제52조 관련)

보호관찰 등에 관한 법률 시행규칙

(약칭 : 보호관찰법 시행규칙)

[시행 2023. 3. 7.] [법무부령 제1047호, 2023. 3. 7., 일부개정]

제52조(숙식제공의 대상)
제53조(갱생자립계획 및 생활지도)
제54조(거실의 배정)
제55조(금품사용에 관한 지도 및 금품보관)
제56조(건강관리)
제57조(의복)
제58조(식사)
제59조(교양 및 여가활동)
제60조(숙식제공기간의 연장)
제61조삭 제
제62조삭 제
제63조삭 제
제64조삭 제
제65조(직업훈련)
제66조(취업 지원 등)
제67조(임금지급)
제68조(갱생보호사업의 허가)
제69조삭 제
제70조(허가사항의 변경)
제71조(사업자의 사업계획등)
제72조(공단의 사업계획등)
제73조(수익사업 승인신청등)
제74조(수익사업의 요건)
제75조(보고)
제76조(개선명령)
제77조(회계)
제78조(장부의 비치)

**개정 예정 법률 밑줄 별도 표시.

보호관찰 등에 관한 법률 시행규칙

(약칭 : 보호관찰법 시행규칙)

[시행 2023. 3. 7.] [법무부령 제1047호, 2023. 3. 7., 일부개정]

제1조(목적) 이 규칙은 「보호관찰 등에 관한 법률」 및 같은 법 시행령에서 위임된 사항과 그 시행에 관하여 필요한 사항을 규정함을 목적으로 한다. 〈개정 2009. 3. 19.〉

제2조(수당 및 여비) 「보호관찰 등에 관한 법률」(이하 "법"이라 한다) 제5조의 규정에 의한 보호관찰심사위원회(이하 "심사위원회"라 한다)의 위원장 및 비상임위원의 출석수당과 공무원이 아닌 위원의 여비는 별표와 같다. 〈개정 2009. 3. 19.〉

제3조(심사사건의 수리) 심사위원회는 법 제11조에 따라 심사를 하는 때에는 별지 제1호서식의 심사사건부에 정해진 사항을 기재해야 한다. 〈개정 2022. 2. 7.〉

제4조(면접조사표) 심사위원회의 상임위원 또는 보호관찰관은 법 제11조제2항의 규정에 의하여 보호관찰대상자 기타 관계인을 조사한 때에는 별지 제2호서식의 면접조사표를 작성하여야 한다.

제5조(결정서 등) ① 「보호관찰 등에 관한 법률 시행령」(이하 "영"이

라 한다) 제6조제1항에 따른 심사위원회의 결정서는 별지 제3호 서식에 의한다.

② 법 제12조제2항에 따른 서면의결은 별지 제3호의2 서식에 의한다.

[전문개정 2009. 3. 19.]

제6조(회의록 작성) ①심사위원회는 회의록을 작성·비치하여야 한다.

②제1항의 규정에 의한 회의록에는 회의의 내용을 기재하고 위원장 및 서기가 서명 또는 기명날인하여야 한다. 〈개정 2009. 3. 19.〉

제7조(심사위원회의 운영세칙) 이 규칙에 규정된 사항외에 심사위원회의 운영에 관하여 필요한 사항은 심사위원회의 의결을 거쳐 위원장이 정한다.

제7조의2(교육훈련) ① 영 제6조의2에 따른 교육훈련과정의 분야·교과목 및 교육 강사의 자격은 별표 1과 같다

② 보호관찰소 소속 공무원은 법 제15조의 사무를 담당하는 날부터 2년 이내에 별표 1의 공통분야의 교과목을 모두 이수하여야 한다. 다만, 법 제15조의 사무를 담당하기 전에 임용전 교육 등을 통해 별표 1의 공통분야의 교과목을 이수한 경우에는 해당 교과목을 이수한 것으로 본다.

③ 법무부장관은 별표 1의 전문분야의 분야별 교과목을 정하여야 하며, 법 제15조의 사무를 담당하는 보호관찰소 소속 공무원은 매년 2개 이상의 전문분야의 분야별 교과목을 이수하여야 한다.

④ 별표 1에 따른 교육훈련과정은 법무연수원 등 국가공무원 교육기관의 교육과정 외 보호관찰소 직무교육과정, 「고등교육법」 제2

조에 따른 학교의 학위과정, 「학점인정 등에 관한 법률」 제3조에 따라 평가인정을 받은 학습과정에서도 이수할 수 있다.

⑤ 법무부장관은 보호관찰소 소속 공무원의 전문적 지식을 향상시키기 위하여 별표 1에 따른 교육훈련과정에 대하여 필기시험 또는 구술시험을 실시할 수 있다.

⑥ 보호관찰소의 장은 소속 공무원에 대하여 별표 1에 따른 교육훈련과정에 대한 연간 교육계획을 수립하여야 한다.

[본조신설 2009. 11. 27.]

제7조의3(조사관) ① 법무부장관은 판결 전 조사 등 조사업무의 원활한 수행 및 전문성 확보를 위하여 조사관을 양성하여야 한다.

② 조사관은 다음 각 호의 요건을 모두 갖추어야 한다.

1. 보호관찰소 소속 공무원으로서 제7조의2에 따른 교육훈련과정 중 별표 1의 전문분야의 판결 전조사 등 조사 분야 교육을 이수하였을 것

2. 필기시험 및 조사서 작성능력 평가를 통과하였을 것

③ 필기시험 및 조사서 작성능력 평가 등 조사관 양성에 관하여 필요한 세부 사항은 법무부장관이 정한다.

[본조신설 2010. 8. 16.]

제8조(범죄예방자원봉사위원의 위촉 및 해촉) ①법 제18조의 규정에 의한 범죄예방자원봉사위원(이하 "범죄예방위원"이라 한다)은 다음 각호의 요건을 갖춘 자중에서 법무부장관이 위촉한다.

1. 인격 및 행동에 있어 사회적으로 신망을 받을 것

2. 사회봉사에 대한 열의를 가지고 있을 것

3. 건강하고 활동력이 있을 것

4. 국가공무원법 제33조 각호의 결격사유에 해당하지 아니할 것

②법무부장관은 범죄예방위원이 다음 각호의 1에 해당하는 때에는 해촉할 수 있다.

1. 범죄예방위원의 직무를 태만히 하거나 직무수행실적이 없는 때

2. 직무수행과 관련하여 비위행위가 있는 때

3. 품위손상 기타 사유로 인하여 범죄예방위원으로서 적당하지 아니하다고 인정되는 때

③ 삭제 〈2009. 11. 27.〉

④ 삭제 〈2009. 11. 27.〉

제9조(범죄예방위원의 정원) 범죄예방위원의 정원은 시(구가 설치되지 아니한 시를 말한다)·군·구별로 그 지역의 인구·범죄상황 기타 사정을 고려하여 인구 1천명당 1인의 범위내에서 법무부장관이 정한다.

제10조(범죄예방위원의 직무) 범죄예방위원은 다음 각호의 직무를 수행한다. 〈개정 2009. 11. 27.〉

1. 지역사회에서의 범죄예방활동 전개

1의2. 보호관찰 대상자 지도, 사회봉사명령 집행감독 등 보호관찰활동 지원

2. 범법자에 대한 상담지도

3. 범법자에 대한 취업알선·재정지원

4. 제1호 내지 제3호에 관련되는 것으로 법무부장관이 정하는 사항

제11조(범죄예방위원의 조직) 범죄예방위원의 체계적인 활동을 도모하기 위하여 법무부장관이 정하는 바에 의하여 범죄예방지도협의회와 범죄예방위원의 자치조직을 둘 수 있다.

제11조의2(특별범죄예방자원봉사위원) ① 보호관찰소의 장은 보호관찰 대상자 지도, 사회봉사명령 집행감독 등 보호관찰활동을 지원할 사람이 필요한 경우 특별범죄예방자원봉사위원(이하 "특별범죄예방위원"이라 한다)을 위촉할 수 있다.

② 특별범죄예방위원의 위촉기간은 2년으로 한다. 다만, 보호관찰 대상자와 특별한 관계에 있는 사람을 특별범죄예방위원으로 위촉하는 경우 그 위촉기간은 대상자의 보호관찰기간으로 할 수 있다. 〈개정 2017. 2. 7.〉

③ 특별범죄예방위원의 위촉 및 해촉에 관하여 제8조제1항 및 제2항을 준용한다.

[본조신설 2009. 11. 27.]

제12조(비용의 지급) 범죄예방위원과 특별범죄예방위원에 대하여는 예산의 범위안에서 그 직무수행에 필요한 실비를 지급한다. 〈개정 2009. 11. 27.〉

제13조(기간경과통보서) 영 제8조의 규정에 의한 기간경과통보서는 별지 제4호서식에 의한다.

제14조(기간경과통보서접수부) 심사위원회는 기간경과통보서를 접수한 때에는 별지 제5호서식의 기간경과통보서접수부에 정해진 사항을 기재해야 한다. 〈개정 2022. 2. 7.〉

제15조(수용자의 이송통지) ①교도소·구치소·소년교도소 및 소년

원(이하 “수용기관”이라 한다)의 장은 관할심사위원회에 기간경과통보서를 송부한 후에 징역 또는 금고의 형의 선고를 받은 소년(이하 “소년수형자”라 한다) 또는 보호소년을 다른 수용기관에 이송한 경우에는 별지 제6호서식의 이송통지서를 작성하여 관할심사위원회에 송부하여야 한다.

②제1항의 이송통지서를 송부받은 심사위원회는 소년수형자 또는 보호소년이 다른 심사위원회의 관할구역에 있는 수용기관에 이송된 때에는 지체없이 기간경과통보서등 관계서류를 당해심사위원회에 송부하여야 한다.

제16조(가석방 등의 심사신청서) ① 법 제22조에 따른 가석방 심사의 신청은 별지 제7호 서식에 의한다.

② 법 제22조의 규정에 따른 퇴원 또는 임시퇴원 심사의 신청은 별지 제7호의2 서식에 의한다.

[전문개정 2009. 3. 19.]

제17조(가석방·퇴원 및 임시퇴원의 결과통보) 심사위원회는 가석방 또는 임시퇴원이 허가된 자를 수용하는 수용기관의 장과 그의 주거지를 관할하는 보호관찰소의 장에게 그 명단과 결정서등본을 송부하여야 한다. 다만, 퇴원이 허가된 자 또는 가석방이 허가된 자중 법무부장관이 보호관찰이 필요없다고 인정한 자에 대하여는 수용기관의 장에게만 그 명단과 결정서등본을 송부한다. 〈개정 2009. 3. 19.〉

제18조(환경조사서) 법 제26조제2항의 규정에 의한 환경조사의 통보는 별지 제8호서식에 의한다.

제19조(환경개선활동결과통보서) 법 제27조제3항의 규정에 의한 환경개선활동결과통보는 별지 제9호서식에 의한다.

제20조(신고서) 영 제16조 및 제39조제1항에 따른 신고는 별지 제10호서식에 의한다. 〈개정 2009. 11. 27.〉

제21조(보호관찰사건부등) ①보호관찰소의 장은 법원으로부터 법 제20조제1항에 따른 판결이나 「소년법」 제32조제5항에 따른 결정의 통보를 받거나 심사위원회로부터 제17조에 따른 명단 등의 송부를 받은 때 또는 영 제16조 또는 제18조제2항에 따른 보호관찰대상자의 신고를 접수한 때에는 별지 제11호서식의 보호관찰사건부에 정해진 사항을 기재하고, 개인별로 별지 제12호서식의 보호관찰카드를 작성해야 한다. 〈개정 2009. 3. 19., 2009. 11. 27., 2022. 2. 7.〉

② 제1항에 따라 보호관찰카드를 작성하는 경우 보호관찰 대상자의 동일성 식별을 위하여 사진을 촬영할 수 있다. 〈신설 2009. 11. 27.〉

제22조(보호관찰기간의 계산) 보호관찰기간은 법 제29조제1항의 규정에 의하여 보호관찰이 개시된 때부터 진행한다. 이 경우 초일은 보호관찰기간에 산입한다.

제23조(보호관찰담당자의 지명 및 임무) ①보호관찰소의 장은 보호관찰대상자별로 담당보호관찰관을 지명하여 보호관찰을 담당하게 한다.

②보호관찰관은 보호관찰대상자로부터 별지 제13호서식의 서약서를 제출받고 보호관찰기간중 준수사항을 이행하도록 지시한다.

③보호관찰관은 보호관찰대상자의 자립과 건전한 사회복귀를 위하여 적절한 지도와 감독 및 원호를 하여야 한다.

④보호관찰관은 그 직무수행에 필요한 경우에는 범죄예방위원 또

는 특별범죄예방위원에게 지원을 요청할 수 있다.

⑤보호관찰관은 보호관찰대상자에 대한 지도·감독·원호·조치상황·주요동태 및 준수사항의 이행여부등 보호관찰경과에 관한 중요한 사항을 보호관찰카드에 기재한다.

⑥보호관찰관은 제4항의 규정에 의하여 지원을 요청한 범죄예방위원 또는 특별범죄예방위원에 대하여 별지 제14호서식의 보호관찰경과통보서를 작성하여 매월 1회 통보하도록 요구할 수 있다.

⑦보호관찰관은 법 제32조제2항제4호의 규정에 의한 주거이전신고를 받은 때에는 지체없이 보호관찰대상자에 대한 보호관찰카드 기타 관계서류를 첨부하여 신주거지를 관할하는 보호관찰소의 장에게 통보하여야 한다.

제24조(주거이전 및 여행신고서) 영 제18조의 규정에 의한 주거이전 및 여행의 신고는 별지 제15호서식에 의한다.

제24조의2(준수사항의 추가 등) 법 제32조제4항에 따른 준수사항의 추가, 변경 또는 삭제의 신청 및 청구는 별지 제15호의2서식에 따른다. 〈개정 2019. 10. 17.〉

[본조신설 2009. 11. 27.]

[제목개정 2019. 10. 17.]

제25조(원호 및 응급구호부) 보호관찰관이 법 제34조에 따라 원호를 실시하거나 보호관찰소의 장이 법 제35조에 따라 응급구호를 실시한 때에는 별지 제16호서식의 원호 및 응급구호부에 정해진 사항을 기재해야 한다. 〈개정 2022. 2. 7.〉

제25조의2(원호협의회) ① 보호관찰소의 장은 법 제34조의 원호활

동을 종합적이고 체계적으로 전개하기 위하여 원호협의회를 설치할 수 있다.

② 원호협의회는 5명 이상의 위원으로 구성하되, 보호관찰소의 장은 당연직 위원으로서 위원장이 되고, 위원은 다음 각 호에 해당하는 사람 중에서 위원장이 위촉한다.

1. 보호관찰소 관할구역의 보건소의 장 및 기초자치단체의 사회복지 또는 청소년 업무 관련 부서장

2. 종합사회복지관, 알코올상담센터, 정신보건센터, 청소년상담실 등 사회복지시설의 장 또는 관련 부서장

3. 노동부 고용지원센터의 장 또는 관련 부서장

4. 대학교수, 초·중·고등학교의 장 또는 교사

5. 학원 등 사설교육기관의 장

6. 의사, 변호사, 약사 등의 전문직 종사자

7. 사회적으로 신망을 받고 봉사활동에 열의를 가진 기업인 또는 자영업자

8. 보호사무관 이상으로 7년 이상 보호관찰 또는 소년선도업무에 종사한 경력이 있는 사람

9. 그 밖에 보호관찰업무에 관심을 갖고 보호관찰 대상자 원호를 지원할 역량을 갖춘 사람

③ 위원의 임기는 2년으로 한다.

④ 위원장은 위원의 활동이 부진하거나 품위손상 등 사유로 직무수행이 곤란하다고 인정되는 경우에는 그 위원을 해촉할 수 있다.

⑤ 위원장은 보호관찰 대상자와 그의 가족에 대한 생계, 의료·교

육·법률 문제 해결, 직업훈련, 취업알선, 기초생활수급자 지정 등 종합적인 지원이 필요한 경우 협의회를 소집하여 원호의 내용, 분야, 규모 등을 협의할 수 있다.

⑥ 위원장은 보호관찰 대상자와 그의 가족에 대한 특정 분야의 원호활동을 각 위원에게 개별적으로 의뢰할 수 있다.

[본조신설 2009. 11. 27.]

제25조의3(보호관찰 종료사실의 통보) ① 법 제36조의2제2항 및 영 제20조의2제1항에 따른 보호관찰 종료사실 통보를 위한 심사 신청서는 별지 제16호의2서식과 같다.

② 심사위원회가 법 제36조의2제2항 및 제3항에 따라 하는 보호관찰 종료사실 통보를 위한 심사 결정은 별지 제3호서식에 따른다.

③ 보호관찰소의 장이 법 제36조의2제2항 및 영 제20조의2제2항에 따라 경찰관서의 장 및 지방자치단체의 장에게 하는 보호관찰 종료사실 통보는 별지 제16호의3서식에 따른다.

[본조신설 2022. 1. 13.]

제26조(출석요구서) 영 제21조제1항의 규정에 의한 출석요구서는 별지 제17호서식에 의한다.

제27조(진술조서) 영 제21조제2항의 규정에 의한 조사는 별지 제18호서식에 의한다.

제28조(경고장) 영 제22조에 따른 경고는 별지 제19호서식에 따른다.

[전문개정 2023. 3. 7.]

제29조(구인장신청서등) ①영 제23조 및 제39조제2항에 따른 구인신청은 별지 제20호서식에 의한다. 〈개정 2009. 11. 27.〉

②보호관찰소의 장은 영 제23조에 따라 구인신청을 하는 때에는 별지 제21호서식의 구인장신청부에 정해진 사항을 기재해야 한다. 〈개정 2022. 2. 7.〉

제30조(구인장) 영 제24조 및 제39조제2항에 따른 구인장은 별지 제22호서식에 의한다. 〈개정 2009. 11. 27.〉

제31조(구인장의 집행지휘) 검사는 구인장 위쪽에 집행을 지휘한다는 내용을 기재하고 서명 또는 기명날인의 방법으로 영 제25조의 규정에 의한 구인장의 집행을 지휘할 수 있다.

제31조의2(보호장구의 사용절차 및 방법) 보호관찰소 소속 공무원은 법 제46조의2에 따라 보호장구를 사용하기 위해서는 사전에 보호관찰소의 장의 허가를 받아 별표 2의 방법으로 사용하여야 한다. 다만, 긴급한 경우에는 사용 후 즉시 보호관찰소의 장에게 보고하여야 한다. 〈개정 2019. 10. 17.〉

[본조신설 2009. 11. 27.]

제32조(긴급구인서) 영 제26조 및 제39조제2항에 따른 긴급구인서는 별지 제23호서식에 의한다. 〈개정 2009. 11. 27.〉

제33조(유치허가신청서) 영 제28조에 따른 유치허가신청은 별지 제24호서식에 따른다.

[전문개정 2023. 3. 7.]

제34조(유치허가장) 영 제29조 및 제39조제2항에 따른 유치허가장은 별지 제25호서식에 의한다. 〈개정 2009. 11. 27.〉

제35조(보호관찰을 조건으로 한 형의 선고유예의 실효 및 집행유예의 취소신청서) 영 제32조 및 제39조제2항에 따른 선고유예의 실효

및 집행유예의 취소신청은 별지 제26호서식에 의한다. 〈개정 2009. 11. 27.〉

제36조(가석방 및 임시퇴원의 취소신청서) 법 제48조제1항의 규정에 의한 가석방 또는 임시퇴원의 취소신청은 별지 제27호서식에 의한다. 〈개정 2008. 6. 20.〉

제37조(가석방 및 임시퇴원의 취소사실 통보) 심사위원회는 가석방 또는 임시퇴원이 취소된 자의 명단과 결정서등본을 관할보호관찰소의 장과 가석방 또는 임시퇴원이 취소된 자를 수용할 수용기관의 장에게 송부하여야 한다. 〈개정 2008. 6. 20.〉

제38조(보호처분변경신청서) 영 제35조제1항의 규정에 의한 보호처분의 변경신청은 별지 제28호서식에 의한다.

제39조(부정기형종료신청서) 법 제50조제1항의 규정에 의한 부정기형 종료의 신청은 별지 제29호서식에 의한다.

제40조(부정기형종료결정 통보) 심사위원회는 법 제50조의 규정에 의하여 부정기형종료결정을 한 때에는 그 결과를 관할보호관찰소의 장에게 통보하여야 한다.

제41조(임시해제 신청서) 법 제52조제1항의 규정에 의한 보호관찰의 임시해제 신청은 별지 제30호서식에 의한다. 〈개정 2009. 11. 27.〉

[제목개정 2009. 11. 27.]

제41조의2(임시해제 취소 신청서) 법 제52조제3항에 따른 보호관찰의 임시해제 취소 신청서는 별지 제30호의2서식에 따른다.

[본조신설 2017. 2. 7.]

제42조(임시해제 결정통보) 심사위원회는 법 제52조제1항의 규정에 의하여 임시해제 결정을 한 때에는 그 사실을 관할보호관찰소의 장에게 통보하여야 한다. 〈개정 2009. 11. 27.〉

[제목개정 2009. 11. 27.]

제43조(보호관찰의 정지 및 정지해제신청서) 법 제53조제1항의 규정에 의한 보호관찰의 정지결정 및 법 제53조제2항의 규정에 의한 보호관찰정지해제결정의 신청은 별지 제31호서식에 의한다.

제44조(보호관찰정지 및 정지해제결정통보) 심사위원회는 법 제53조제1항 또는 동조제2항의 규정에 의하여 보호관찰의 정지 또는 정지해제결정을 한 때에는 그 결과를 관할보호관찰소의 장에게 통보하여야 한다.

제45조(보호관찰정지자 명부) 보호관찰소의 장은 법 제53조제1항에 따라 보호관찰을 정지하는 결정을 받은 자에 대하여 별지 제32호서식의 보호관찰정지자명부에 정해진 사항을 기재해야 한다. 〈개정 2022. 2. 7.〉

제46조(보호관찰사건이송) 보호관찰소의 장은 보호관찰대상자가 다른 보호관찰소의 관할구역안에 거주하고 있는 사실이 확인된 때에는 별지 제33호서식의 보호관찰사건이송서에 관계기록을 첨부하여 신주거지를 관할하는 보호관찰소의 장에게 이송하여야 한다.

제46조의2(기부금품의 접수 영수증 등) ① 영 제36조의2제1항(영 제47조에서 준용하는 경우를 포함한다)에 따른 기부금품의 접수 영수증은 「법인세법 시행규칙」 제82조제7항제3호의3의 별지 제63호의3서식에 따른다. 〈개정 2015. 6. 22.〉

② 영 제36조의2제5항(영 제47조에서 준용하는 경우를 포함한다)에 따른 기부금품의 접수현황 및 사용실적 등에 관한 장부는 별지 제34호서식에 따른다. 〈개정 2015. 6. 22.〉

[본조신설 2014. 7. 1.]

제47조(준용) 제21조(보호관찰사건부등)·제22조(보호관찰기간의 계산)·제23조(보호관찰담당자의 지명 및 임무) 및 제46조(보호관찰사건이송)의 규정은 법 제3조제2항의 규정에 의한 사회봉사·수강명령 대상자에 대하여 이를 준용한다.

제48조(갱생보호시실의 설치·운영 기준) 법 제65조제3항 및 제4항에 따른 갱생보호시설의 설치 및 운영 기준은 별표 3과 같다.

[전문개정 2011. 10. 12.]

제49조(사무실 및 상담실) 갱생보호시설에는 일반사무를 집행하는 사무실과 갱생보호를 받을 사람(이하 "갱생보호대상자"라 한다)과의 상담을 위한 상담실을 설치하여야 한다. 다만, 상담실을 별도로 설치하지 아니하여도 사무실내에서 갱생보호대상자와 상담할 수 있는 경우 및 갱생보호의 성질상 상담이 필요하지 아니한 갱생보호를 실시하는 경우에는 상담실을 설치하지 아니할 수 있다. 〈개정 2014. 11. 19.〉

제50조(생활관) ①영 제41조제1항의 규정에 의하여 갱생보호대상자에 대하여 숙식을 제공하는 시설(이하 "생활관"이라 한다)에는 제49조의 규정에 의한 사무실 및 상담실외에 갱생보호대상자의 숙박에 제공되는 거실·집회실·조리장·식당·세면장 및 화장실을 설치하여야 한다. 다만, 10인이내의 갱생보호대상자에게 숙식을 제공하는

생활관에서 거실을 식당으로 겸용하는 경우에는 따로 식당을 설치하지 아니할 수 있다.

②남녀를 함께 수용하는 생활관의 거실은 남자용과 여자용을 분리하여 설치하여야 한다.

③거실·조리장 및 식당은 보건위생에 적합하여야 하며, 난방·채광 및 환기가 잘 되도록 설치하여야 한다.

제51조(갱생보호의 신청 및 조치) ①갱생보호대상자로서 갱생보호를 받고자 하는 자는 보호관찰소의 장, 법 제67조에 따라 갱생보호사업의 허가를 받은 자(이하 "사업자"라 한다) 또는 법 제71조에 따른 한국법무보호복지공단(이하 "공단"이라 한다)에 서면으로 신청하여야 한다. 〈개정 2014. 11. 19.〉

②관계기관이 보호관찰소의 장, 사업자 또는 공단에 갱생보호대상자에 대한 갱생보호의 신청을 하는 경우에는 갱생보호대상자의 전과 및 처분의 내용, 신상관계, 갱생보호대상자가 희망하는 갱생보호방법등을 기재한 서면으로 하여야 한다.

③제1항 및 제2항에 따라 갱생보호의 신청을 받은 보호관찰소의 장, 사업자 또는 공단이 법 제66조제2항에 따라 갱생보호의 필요여부와 그 방법을 결정함에 있어서는 신청서 및 갱생보호대상자와의 상담 등에 의하여 갱생보호대상자의 전과의 죄질·연령·학력·가정사정·교우관계 및 자립계획 등을 조사하여야 한다. 〈개정 2014. 11. 19.〉

④보호관찰소의 장, 사업자 또는 공단은 갱생보호를 행하지 아니하기로 결정한 때에는 서면으로 그 이유를 신청인에게 통지하여야

한다.

제52조(숙식제공의 대상) 생활관에는 갱생보호대상자가 아닌 자를 숙식하게 할 수 없다. 다만, 갱생보호대상자의 배우자, 직계존·비속에 대하여는 1주일이내의 기간동안 숙식을 제공할 수 있다.

제53조(갱생자립계획 및 생활지도) ①사업자 또는 공단은 생활관에 수용보호한 갱생보호대상자에 대하여 지체없이 갱생자립계획을 수립하게 하여야 한다.

②사업자 또는 공단은 갱생보호대상자에 대하여 교양을 높이고 자율·자조 및 협동정신과 준법정신을 생활화하여야 하고, 근로의 정신과 습성을 체득하도록 생활지도를 하여야 한다.

제54조(거실의 배정) 갱생보호대상자에 대하여 거실을 배정함에 있어서는 갱생보호대상자의 연령·전과·성격 등을 고려하여야 한다. 〈개정 2014. 11. 19.〉

[제목개정 2014. 11. 19.]

제55조(금품사용에 관한 지도 및 금품보관) ①사업자 또는 공단은 갱생보호대상자가 소유하는 금품을 낭비하지 아니하고 갱생자립에 적절하게 사용하도록 지도하여야 한다.

②사업자 또는 공단은 갱생보호대상자로부터 금품의 보관을 의뢰받은 경우에는 금품의 종류 및 수량을 명백히 하여 장부에 기재하고 본인에게 보관증을 교부하여야 한다. 이 경우 현금에 대하여는 갱생보호대상자의 명의로 은행에 예금한 후 예금통장은 본인에게 교부하고 인감은 담당직원이 이를 보관하여야 한다.

③보관된 금품은 갱생보호대상자가 사용용도를 명확히 하여 신청

하는 경우에는 본인에게 환급한다.

제56조(건강관리) ①생활관에서는 구급약품을 비치하고 시설을 위생적으로 관리하는 등 갱생보호대상자의 건강관리에 유의하여야 한다.

②갱생보호대상자에 대하여는 보건소등 의료시설에서 건강진단을 받도록 하여야 한다.

제57조(의복) 갱생보호대상자에게 지급하는 의복은 계절에 적합하고 사회적 체면을 유지할 수 있는 것이어야 한다.

제58조(식사) 생활관에서 제공하는 식사는 주간 또는 월간차림표에 의하여 조리하되, 갱생보호대상자의 건강을 유지하기에 충분한 열량과 영양성분이 포함되어 있도록 하여야 한다.

제59조(교양 및 여가활동) ①갱생보호대상자에게는 독서·훈화·교양집회의 개최 기타의 방법으로 그 교양을 높이도록 하여야 한다.

②갱생보호대상자에게는 운동과 여가활동으로 심신의 건강을 유지할 수 있도록 하여야 한다.

제60조(숙식제공기간의 연장) 사업자 또는 공단은 영 제41조제2항 단서의 규정에 의하여 갱생보호대상자에 대한 숙식제공의 기간을 연장하고자 할 때에는 본인의 신청에 의하되, 자립의 정도, 계속보호의 필요성 기타 사항을 고려하여 이를 결정하여야 한다.

제61조 삭제 〈2014. 11. 19.〉

제62조 삭제 〈2014. 11. 19.〉

제63조 삭제 〈2014. 11. 19.〉

제64조 삭제 〈2014. 11. 19.〉

제65조(직업훈련) ①영 제44조제1항의 규정에 의한 직업훈련은 갱

생보호대상자의 희망·적성·경력등을 고려하여 직업훈련후 취업이 쉬운 분야를 선정하여 훈련을 실시하여야 한다.

②직업훈련을 받은 갱생보호대상자에 대하여는 기술자격을 취득할 수 있도록 최대한 지원하고 취업을 알선하는데 노력하여야 한다.

제66조(취업 지원 등) ①갱생보호대상자에 대하여는 기업을 경영하는 범죄예방위원 기타 독지가등과 긴밀하게 연락하여 그 취업을 알선하는데 노력하여야 한다.

②사업자 또는 공단은 그 경영하는 부설작업장에 특별한 사유가 없는 한 갱생보호대상자를 취업시켜야 한다.

[제목개정 2014. 11. 19.]

제67조(임금지급) 사업자 또는 공단은 갱생보호대상자를 부설작업장에 취업하게 한 경우에는 상당한 보수를 지급하여야 한다.

제68조(갱생보호사업의 허가) 법 제67조제1항의 규정에 의하여 갱생보호사업의 허가를 받고자 하는 자는 다음 각호의 사항을 기재한 허가신청서에 정관 기타 관계서류를 첨부하여 법무부장관에게 제출하여야 한다.

1. 명칭

2. 갱생보호사업의 종류 및 내용과 갱생보호대상자에 대한 처우의 방법

3. 발기인 또는 설립자의 성명·주소·경력 및 자산상황과 경영책임자의 자산상황

4. 경영조직 및 회계처리기준

5. 건물 기타 설비의 규모 및 구조와 그 사용권

6. 경영책임자 및 갱생보호업무를 담당할 간부직원의 성명 및 경력

제69조 삭제 〈2014. 11. 19.〉

제70조(허가사항의 변경) 사업자가 제68조제1호부터 제3호까지, 제5호 또는 제6호의 사항을 변경하거나 정관을 변경하려는 경우에는 그 변경 사유를 명시한 변경허가신청서에 변경된 정관 및 관계 서류를 첨부하여 법무부장관의 허가를 받아야 한다.

[전문개정 2014. 11. 19.]

제71조(사업자의 사업계획등) ①사업자의 회계연도는 정부의 회계연도에 의한다.

②사업자는 법 제69조의 규정에 의하여 매 회계연도 개시 1월전에 다음 연도의 사업계획 및 예산을, 매 회계연도 종료후 2월이내에 전년도의 사업실적 및 결산서를 법무부장관에게 보고하여야 한다.

③제2항의 규정에 의하여 제출하는 사업계획 및 예산에는 다음 서류를 첨부하여야 한다.

1. 추정대차대조표 및 그 부속명세서

2. 추정손익계산서 및 그 부속명세서

④제2항의 규정에 의하여 제출하는 사업실적 및 결산에는 다음 서류를 첨부하여야 한다.

1. 대차대조표 및 그 부속명세서

2. 손익계산서 및 그 부속명세서

3. 공인회계사의 감사증명서(법무부장관이 필요하다고 인정하여 첨부하게 한 경우에 한한다)

제72조(공단의 사업계획등) ①공단은 법 제84조제2항의 규정에 의

하여 매 회계연도 개시 1월전에 다음 연도의 사업계획 및 예산을 법무부 장관에게 제출하여 승인을 얻어야 하며, 매 회계연도 종료후 2월이내에 전년도의 사업실적 및 결산서를 법무부장관에게 제출하여야 한다.

②공단은 제1항의 규정에 의하여 사업계획 및 예산의 승인을 얻은 후 사업계획을 변경하거나 예산의 관·항간의 유용 또는 예산외 지출을 하고자 할 때에는 법무부장관의 승인을 얻어야 한다.

③제1항의 사업계획·예산·사업실적 및 결산은 지부별로 내용이 명시되어야 한다.

제73조(수익사업 승인신청등) 사업자 또는 공단은 법 제96조제1항의 규정에 의하여 수익사업 경영의 승인 또는 변경승인을 신청하는 경우에는 승인신청서에 다음의 서류를 법무부장관에게 제출하여야 한다.

1. 사업계획서
2. 추정손익계산서 및 그 부속명세서
3. 사업에 종사할 간부직원명부
4. 행정관청의 허가를 요하는 사업인 경우에는 당해사업에 대하여 허가를 받은 사실을 증명하는 서류

제74조(수익사업의 요건) 사업자 또는 공단은 수익사업의 경영으로 갱생보호사업에 지장을 초래하여서는 아니되며, 그 수익을 갱생보호사업을 위하여 사용하여야 한다.

제75조(보고) 사업자 또는 공단은 다음 각호의 사항에 관하여 법무부장관에게 보고하여야 한다.

1. 업무에 관한 월별통계

2. 총회 또는 이사회 회의록

3. 위법·부당한 사건의 발생사실

제76조(개선명령) ①법무부장관은 법 제97조제2항의 규정에 의하여 사업자 또는 공단에 대한 갱생보호사업의 운영실태를 조사한 결과 허가기준에 위반되거나 기타 위법·부당한 사항이 있는 경우에는 개선을 명할 수 있다.

②제1항의 개선명령을 받은 자는 지체없이 개선조치를 한 후 그 조치내용을 법무부장관에게 서면으로 보고하여야 한다.

제77조(회계) ①사업자 및 공단은 갱생보호사업의 성과와 재정상태를 정확히 파악하기 위하여 모든 회계거래를 그 발생의 사실에 따라 처리하여야 한다.

②사업자 및 공단이 수익사업을 경영하는 경우에는 갱생보호사업의 회계와 수익사업의 회계를 구분하여 처리하여야 한다. 〈개정 2014. 11. 19.〉

제78조(장부의 비치) 사업자 및 공단은 다음의 장부를 비치하여야 한다.

1. 갱생보호대상자의 명부

2. 갱생보호현황 장부

3. 회계에 관한 장부

4. 기부금품대장

5. 보관금품대장

6. 기타 갱생보호사업의 운영에 필요한 장부

부칙 〈제442호, 1996. 12. 31.〉

이 규칙은 1997년 1월 1일부터 시행한다.

부칙 〈제641호, 2008. 6. 20.〉 (보호소년 등의 처우에 관한 법률 시행규칙)

제1조(시행일) 이 규칙은 2008년 6월 22일부터 시행한다.

제2조 및 제3조 생략

제4조(다른 법령의 개정) ① 생략

② 보호관찰등에관한법률시행규칙 일부를 다음과 같이 개정한다.

제16조, 제17조의 제목, 같은 조 본문, 제36조의 제목, 같은 조 제목 외의 부분, 제37조의 제목, 같은 조 제목 외의 부분, 별지 제7호서식 앞쪽의 제목, 같은 쪽의 제목 외의 부분, 별지 제7호서식의 뒤쪽 및 별지 제27호서식 중 "가퇴원"을 각각 "임시퇴원"으로 한다.

③ 생략

제5조 생략

부칙 〈제660호, 2009. 3. 19.〉

제1조(시행일) 이 규칙은 2009년 3월 27일부터 시행한다.

제2조(다른 법령의 개정) ① 검찰사건사무규칙 일부를 다음과 같이 개정한다.

제71조제2항 중 "한국갱생보호공단등"을 "한국법무보호복지공단등"으로 한다.

② 법무부와 그 소속기관 직제 시행규칙 일부를 다음과 같이 개

정한다.

제7조제6항제6호 중 "한국갱생보호공단"을 "한국법무보호복지공단"으로 한다.

부칙 〈제681호, 2009. 11. 27.〉

이 규칙은 2009년 11월 29일부터 시행한다.

부칙 〈제716호, 2010. 8. 16.〉

이 규칙은 공포한 날부터 시행한다.

부칙 〈제753호, 2011. 10. 12.〉

제1조(시행일) 이 규칙은 공포 후 6개월이 경과한 날부터 시행한다.

제2조(갱생보호시설의 설치 · 운영 기준 변경에 따른 경과조치) 이 규칙 시행 당시 설치 · 운영 중인 갱생보호시설이 별표 3의 개정규정에 따른 갱생보호시설의 설치 · 운영 기준에 적합하지 아니한 경우에는 이 규칙 시행일부터 1년 이내에 별표 3의 개정규정에 적합하도록 하여야 한다.

부칙 〈제821호, 2014. 7. 1.〉

이 규칙은 2014년 7월 8일부터 시행한다.

부칙 〈제832호, 2014. 11. 19.〉

이 규칙은 공포한 날부터 시행한다. 다만, 제51조제3항, 제61조부터

제64조까지 및 제66조의 개정규정은 2014년 11월 21일부터 시행한다.

부칙 〈제847호, 2015. 6. 22.〉

이 규칙은 2015년 7월 1일부터 시행한다.

부칙 〈제887호, 2017. 2. 7.〉

제1조(시행일) 이 규칙은 공포한 날부터 시행한다.

제2조(특별범죄예방자원봉사위원의 위촉기간에 관한 적용례) 제11조의2제2항 본문의 개정규정은 이 규칙 시행 이후 위촉되는 사람부터 적용한다.

부칙 〈제959호, 2019. 10. 17.〉

이 규칙은 공포한 날부터 시행한다. 다만, 제31조의2 및 별표 2의 개정규정은 2019년 10월 17일부터 시행한다.

부칙 〈제1020호, 2022. 1. 13.〉

이 규칙은 2022년 1월 21일부터 시행한다.

부칙 〈제1022호, 2022. 2. 7.〉 (어려운 법령용어 정비를 위한 32개 법령의 일부개정에 관한 법무부령)

이 규칙은 공포한 날부터 시행한다.

부칙 〈제1047호, 2023. 3. 7.〉

제1조(시행일) 이 규칙은 공포한 날부터 시행한다.

제2조(갱생보호시설의 설치 및 운영 기준에 관한 경과조치) 이 규칙 시행 당시 설치 및 운영 중인 갱생보호시설이 별표 3의 개정규정에 따른 갱생보호시설의 설치 및 운영 기준에 적합하지 않은 경우에는 이 규칙 시행일부터 1년 이내에 해당 기준에 적합하도록 해야 한다.

별표 / 서식

[별표] 심사위원회위원의 출석수당 및 여비[제2조관련]

[별표 1] 교육훈련과정의 분야·교과목 및 교육 강사의 자격(제7조의2 관련)

[별표 2] 보호장구별 사용방법(제31조의2 관련)

[별표 3] 갱생보호시설의 설치 및 운영 기준(제48조 관련)

[별지 제1호서식] 심사 사건부

[별지 제2호서식] 면접 조사표

[별지 제3호서식] 결정

[별지 제3호의2서식] 서면의결서

[별지 제4호서식] 기간경과통보서

[별지 제5호서식] 기간경과통보서접수부

[별지 제6호서식] 수용자 이송 통지

[별지 제7호서식] 가석방심사 신청서

[별지 제7호의2서식] (임시)퇴원심사 신청서

[별지 제8호서식] 환경조사 회보

[별지 제29호서식] 부정기형 종료신청

[별지 제30호서식] 보호관찰 임시해제 신청

[별지 제30호의2서식] 보호관찰 임시해제 취소 신청

[별지 제31호서식] 보호관찰 정지 신청, 보호관찰 정지해제 신청

[별지 제32호서식] 보호관찰정지자명부

[별지 제33호서식] 보호관찰사건 이송

[별지 제34호서식] 기부금품 접수 · 사용 대장

대한민국 법령 시리즈 101

보호관찰 등에 관한 법률

(약칭 : 보호관찰법)

법 령 / 시 행 령 / 시 행 규 칙

2025년 11월 11일 인쇄 정가 15,000원
2025년 11월 21일 발행

편 저 편집부
디 자 인 송영미
발 행 인 조준형
발 행 처 해광출판사
http://www.hgbookpub.com
E-mail : munbookcokr@naver.com
주 소 부산광역시 중구 해관로 41-1 (중앙동2가)
전화번호 (051) 253-0001 팩스 (051) 245-1187
등 록 제 2012-000005호

해광출판사에서는 여러분의 소중한 원고와 함께 할 기회를 기다리고 있습니다. 책으로 엮을 원고나 아이디어가 있으신 분들은 이메일 munbookcokr@naver.com로 책에 대한 간단한 개요와 원고 전체 또는 일부를 연락처와 함께 보내주십시오.

ISBN 979-11-6881-911-5

※ 법령 출처 : 법제처 국가법령정보센터
※ 본 도서는 〈공공데이터 제공 및 이용 활성화에 관한 법률〉을 근거로 출판되었습니다.

해광출판사 대한민국 법령 시리즈

001. 선원법
002. 어선법
003. 선박직원법
004. 해사안전기본법
005. 해양환경관리법
006. 선박의 입항 및 출항등에 관한 법률
007. 학교안전사고예방 및 보상에 관한 법률
008. 종합부동산세법
009. 방위사업법
010. 행정규제기본법
011. 식품산업진흥법
012. 위험물안전관리법
013. 화재의 예방 및 안전관리에 관한 법률
014. 도시가스사업법
015. 실내공기질관리법
016. 지방세법
017. 소득세법
018. 법인세법
019. 도선법
020. 선박안전법
021. 선박법
022. 수산업법
023. 고압가스안전관리법
024. 국민연금법
025. 공동주택관리법
026. 화학물질관리법
027. 어선원 및 어선 재해보상보험법
028. 장기등 이식에 관한 법률
029. 자연재해대책법
030. 공유재산 및 물품 관리법
031. 산업입지 및 개발에 관한 법률
032. 부정경쟁방지 및 영업비밀보호에 관한 법률
033. 금융지주회사법
034. 온실가스 배출권의 할당 및 거래에 관한 법률
035. 건축사법
036. 산림문화휴양에 관한 법률
037. 전기사업법
038. 사립학교법
039. 고등교육법
040. 액화석유가스의 안전관리 및 사업법
041. 선박투자회사법
042. 수산자원관리법
043. 위험물선박운송및저장규칙
044. 선박평형수관리법
045. 주택임대차보호법
046. 상가건물임대차보호법
047. 지방공기업법
048. 승강기안전관리법
049. 수목원·정원의 조성 및 진흥에 관한 법률
050. 민법
051. 치료감호 등에 관한 법률
052. 대부업 등의 등록 및 금융이용자 보호에 관한 법률
053. 사료관리법
054. 무형문화재 보전 및 진흥에 관한 법률
055. 총포·도검·화약류 등의 안전관리에 관한 법률
056. 경찰관직무집행법
057. 시설물의 안전 및 유지관리에 관한 특별법
058. 수산생물질병 관리법
059. 소비자기본법
060. 국제선박등록법
061. 정보통신망 이용촉진 및 정보보호 등에 관한 법률
062. 해운법
063. 농수산물 품질관리법
064. 수산업협동조합법
065. 해외건설촉진법
066. 수상레저안전법
067. 공무원재해보상법
068. 수상에서의 수색·구조 등에 관한 법률
069. 어촌어항법
070. 항만법
071. 항만운송사업법
072. 해양경비법
073. 해양사고의 조사 및 심판에 관한 법률
074. 외국인근로자의 고용 등에 관한 법률
075. 중소기업기본법
076. 자유무역지역의 지정 및 운영에 관한 법률
077. 대기환경보전법
078. 소음진동관리법
079. 폐기물관리법
080. 하수도법
081. 물환경보전법
082. 토양환경보전법
083. 환경정책기본법
084. 산업재해보상보험법
085. 관세법
086. 노동조합 및 노동관계조정법
087. 근로기준법
088. 군인연금법
089. 먹는물관리법
090. 기술보증기금법
091. 관광진흥법
092. 감염병의 예방 및 관리에 관한 법률
093. 사법경찰관리의 직무를 수행할 자와 그 직무범위에 관한 법률
094. 수의사법
095. 가정폭력방지 및 피해자보호 등에 관한 법률
096. 환경영향평가법
097. 체육시설의 설치 · 이용에 관한 법률
098. 장사 등에 관한 법률
099. 상호저축은행법
100. 은행법
101. 보호관찰 등에 관한 법률
102. 형법
103. 자동차관리법
104. 형사소송법
105. 전자금융거래법
106. 마약류 불법거래 방지에 관한 특례법
107. 도로법
108. 주세법
109. 변리사법
110. 하천법
111. 중소기업진흥에 관한 법률
112. 발달장애인 권리보장 및 지원에 관한 법률
113. 주택법
114. 장애인복지법
115. 농어업경영체 육성 및 지원에 관한 법률
116. 공인중개사법
117. 건강기능식품에 관한 법률
118. 예비군법
119. 개발제한구역의 지정 및 관리에 관한 특별조치법
120. 국유재산법
121. 주차장법
122. 환경기술 및 환경산업 지원법
123. 대기관리권역의 대기환경개선에 관한 특별법
124. 악취방지법
125. 미세먼지 저감 및 관리에 관한 특별법
126. 가축분뇨의 관리 및 이용에 관한 법률
127. 물의 재이용 촉진 및 지원에 관한 법률
128. 물관리기본법
129. 물관리기술 발전 및 물산업 진흥에 관한 법률
130. 자원의 절약과 재활용촉진에 관한 법률
131. 전기 · 전자제품 및 자동차의 자원순환에 관한 법률
132. 건설폐기물의 재활용촉진에 관한 법률
133. 수도권매립지관리공사의 설립 및 운영 등에 관한 법률
134. 폐기물의 국가 간 이동 및 그 처리에 관한 법률
135. 폐기물처리시설 설치촉진 및 주변지역지원 등에 관한 법률
136. 자원순환기본법
137. 잔류성오염물질 관리법
138. 환경분쟁 조정법

해광출판사 대한민국 법령 시리즈

139. 화학물질의 등록 및 평가 등에 관한 법률
140. 환경오염시설의 통합관리에 관한 법률
141. 환경오염피해 배상책임 및 구제에 관한 법률
142. 중소기업제품 구매촉진 및 판로지원에 관한 법률
143. 환경개선비용 부담법
144. 환경분야 시험·검사 등에 관한 법률
145. 환경친화적 산업구조로의 전환촉진에 관한 법률
146. 환경친화적 자동차의 개발 및 보급 촉진에 관한 법률
147. 환경범죄 등의 단속 및 가중처벌에 관한 법률
148. 생명윤리 및 안전에 관한 법률
149. 장애인차별금지 및 권리구제 등에 관한 법률
150. 부동산투자회사법
151. 정치자금법
152. 과학기술기본법
153. 대리점거래의 공정화에 관한 법률
154. 상속세 및 증여세법
155. 학원의 설립 · 운영 및 과외교습에 관한 법률
156. 해양심층수의 개발 및 관리에 관한 법률
157. 전기용품 및 생활용품 안전관리법
158. 사회기반시설에 대한 민간투자법
159. 공직선거법
160. 정당법
161. 유류오염손해배상 보장법
162. 부정청탁 및 금품등 수수의 금지에 관한 법률
163. 항로표지법
164. 어장관리법
165. 민방위기본법
166. 공직자윤리법
167. 선거관리위원회법
168. 유선 및 도선 사업법
169. 전기공사업법
170. 사회복지사업법
171. 택지개발촉진법
172. 국가공무원법
173. 민간임대주택에 관한 특별법
174. 어음법·수표법
175. 민사집행법
176. 상법
177. 문화예술진흥법
178. 중소기업협동조합법
179. 농업협동조합법
180. 도로교통법
181. 의료사고 피해구제 및 의료분쟁 조정 등에 관한 법률
182. 산림보호법
183. 소년법
184. 동물보호법
185. 건축물관리법
186. 도시개발법
187. 화물자동차 운수사업법
188. 도시 및 주거환경정비법
189. 의료법
190. 국회법
191. 응급의료에 관한 법률
192. 출입국관리법
193. 노인복지법
194. 산림자원의 조성 및 관리에 관한 법률
195. 청소년 보호법
196. 초 · 중등교육법
197. 혁신도시 조성 및 발전에 관한 특별법
198. 경제자유구역의 지정 및 운영에 관한 특별법
199. 공공기관의 운영에 관한 법률
200. 대한민국헌법
201. 국민기초생활 보장법
202. 저작권법
203. 가사소송법
204. 국가유공자 등 예우 및 지원에 관한 법률
205. 국민체육진흥법
206. 전통주 등의 산업진흥에 관한 법률
207. 재난 및 안전관리 기본법
208. 정보통신공사업법
209. 주식회사 등의 외부감사에 관한 법률
210. 공익사업을 위한 토지 등의 취득 및 보상에 관한 법률
211. 개인정보 보호법
212. 국세기본법
213. 에너지이용 합리화법
214. 감정평가 및 감정평가사에 관한 법률
215. 국가인권위원회법
216. 가맹사업거래의 공정화에 관한 법률
217. 보건의료기본법
218. 산업안전보건법
219. 법무사법
220. 교육공무원법
221. 특허법
222. 민사소송법
223. 아동복지법
224. 전파법
225. 하도급거래 공정화에 관한 법률
226. 기초연금법
227. 사립학교교직원 연금법
228. 직업안정법
229. 장애아동 복지지원법
230. 부동산등기법
231. 자동차손해배상 보장법
232. 철도안전법
233. 항공안전법
234. 전자상거래 등에서의 소비자보호에 관한 법률
235. 독점규제 및 공정거래에 관한 법률
236. 상표법
237. 채무자 회생 및 파산에 관한 법률
238. 공무원연금법
239. 축산법
240. 근로복지기본법
241. 민원 처리에 관한 법률
242. 약사법
243. 방문판매 등에 관한 법률
244. 건축기본법
245. 지방세기본법
246. 지방세징수법
247. 지방자치법
248. 도시교통정비 촉진법
249. 공공주택 특별법
250. 국세징수법
251. 공인노무사법
252. 중대재해 처벌 등에 관한 법률
253. 외무공무원법
254. 소방시설공사업법
255. 검역법
256. 공중위생관리법
257. 할부거래에 관한 법률
258. 인터넷 멀티미디어 방송사업법
259. 전기통신사업법
260. 제품안전기본법
261. 철도사업법
262. 어린이제품 안전 특별법
263. 영유아보육법
264. 원자력안전법
265. 보험업법
266. 경비업법
267. 교통안전법
268. 세무사법
269. 관세사법
270. 공인회계사법
271. 지방공무원법
272. 고용정책 기본법
273. 국가경찰과 자치경찰의 조직 및 운영에 관한 법률
274. 협동조합 기본법
275. 재해구호법
276. 환경보건법

해광출판사 대한민국 법령 시리즈

277. 자살예방 및 생명존중문화 조성을 위한 법률
278. 소방산업의 진흥에 관한 법률
279. 소방기본법
280. 비송사건절차법
281. 자연환경보전법
282. 변호사법
283. 기업구조조정투자회사법
284. 전기통신기본법
285. 에너지법
286. 해양생태계의 보전 및 관리에 관한 법률
287. 사회보장기본법
288. 통신비밀보호법
289. 공증인법
290. 물류시설의 개발 및 운영에 관한 법률
291. 청소년활동 진흥법
292. 형의 집행 및 수용자의 처우에 관한 법률
293. 도시공원 및 녹지 등에 관한 법률
294. 태권도 진흥 및 태권도공원 조성 등에 관한 법률
295. 녹색건축물 조성 지원법
296. 우편법
297. 예금자보호법
298. 건설산업기본법
299. 금융회사의 지배구조에 관한 법률
300. 장애인활동 지원에 관한 법률
301. 언론중재 및 피해구제 등에 관한 법률
302. 국가재정법
303. 농지법
304. 게임산업진흥에 관한 법률
305. 정신건강증진 및 정신질환자 복지서비스 지원에 관한 법률
306. 디자인보호법
307. 의료기사 등에 관한 법률
308. 스마트도시 조성 및 산업진흥 등에 관한 법률
309. 내수면어업법
310. 한국주택금융공사법
311. 의료기기법
312. 유통산업발전법
313. 전통시장 및 상점가 육성을 위한 특별법
314. 여신전문금융업법
315. 해외자원개발 사업법
316. 산업교육진흥 및 산학연협력촉진에 관한 법률
317. 빈집 및 소규모주택 정비에 관한 특례법
318. 기업도시개발 특별법
319. 전력기술관리법
320. 국토기본법
321. 지하수법
322. 식품위생법
323. 광업법
324. 호스피스·완화의료 및 임종과정에 있는 환자의 연명의료결정에 관한 법률
325. 주식·사채 등의 전자등록에 관한 법률
326. 표시·광고의 공정화에 관한 법률
327. 골재채취법
328. 국민건강증진법
329. 새마을금고법
330. 여객자동차 운수사업법
331. 마리나항만의 조성 및 관리 등에 관한 법률
332. 한부모가족지원법
333. 국가를 당사자로 하는 계약에 관한 법률
334. 지방자치단체를 당사자로 하는 계약에 관한 법률
335. 축산물 위생관리법
336. 병역법
337. 음악산업진흥에 관한 법률
338. 국가균형발전 특별법
339. 첨단재생의료 및 첨단바이오의약품 안전 및 지원에 관한 법률
340. 공간정보의 구축 및 관리 등에 관한 법률
341. 공유수면 관리 및 매립에 관한 법률
342. 농수산물 유통 및 가격안정에 관한 법률
343. 아시아문화중심도시 조성에 관한 특별법
344. 신탁법
345. 자연공원법
346. 생활화학제품 및 살생물제의 안전관리에 관한 법률
347. 군인사법
348. 국제조세조정에 관한 법률
349. 낙동강수계 물관리 및 주민지원 등에 관한 법률
350. 주민등록법
351. 집합건물의 소유 및 관리에 관한 법률
352. 집단에너지사업법
353. 산림조합법
354. 반도체집적회로의 배치설계에 관한 법률
355. 자본시장과 금융투자업에 관한 법률
356. 담보부사채신탁법
357. 근로자퇴직급여 보장법
358. 국제과학비즈니스벨트 조성 및 지원에 관한 특별법
359. 수도법
360. 식품 등의 표시·광고에 관한 법률
361. 약관의 규제에 관한 법률
362. 인삼산업법
363. 종자산업법
364. 항공사업법
365. 건설기계관리법
366. 군형법
367. 궤도운송법
368. 기술의 이전 및 사업화 촉진에 관한 법률
369. 농수산물의 원산지 표시 등에 관한 법률
370. 담배사업법
371. 석유 및 석유대체연료 사업법
372. 가축전염병 예방법
373. 농어촌정비법
374. 식물신품종 보호법
375. 항공보안법
376. 중소기업창업 지원법
377. 군사법원법
378. 우주개발 진흥법
379. 해저광물자원 개발법
380. 산림복지 진흥에 관한 법률
381. 지능형 로봇 개발 및 보급 촉진법
382. 헌법재판소법
383. 옥외광고물 등의 관리와 옥외광고산업 진흥에 관한 법률
384. 혈액관리법
385. 국제항해선박 등에 대한 해적행위 피해예방에 관한 법률
386. 유료도로법
387. 독립유공자예우에 관한 법률
388. 신에너지 및 재생에너지 개발·이용·보급 촉진법
389. 신용정보의 이용 및 보호에 관한 법률
390. 출판문화산업 진흥법
391. 공항시설법
392. 국민 평생 직업능력 개발법
393. 아동·청소년의 성보호에 관한 법률
394. 방송법쉬
395. 신용보증기금법
396. 화장품법
397. 청소년 기본법
398. 인터넷주소자원에 관한 법률
399. 양곡관리법
400. 도로명주소법
401. 전자문서 및 전자거래 기본법
402. 산업기술의 유출방지 및 보호에 관한 법률
403. 국가기술자격법
404. 양식산업발전법
405. 산업기술혁신 촉진법
406. 새만금사업 추진 및 지원에 관한 특별법
407. 전자정부법
408. 지역 개발 및 지원에 관한 법률
409. 한국농어촌공사 및 농지관리기금법
410. 계량에 관한 법률
411. 기업활동 규제완화에 관한 특별조치법
412. 군에서의 형의 집행 및 군수용자의 처우에 관한 법률

해광출판사 대한민국 법령 시리즈

413. 규제자유특구 및 지역특화발전특구에 관한 규제특례법
414. 금융위원회의 설치 등에 관한 법률
415. 남녀고용평등과 일·가정 양립 지원에 관한 법률
416. 농어업인 삶의 질 향상 및 농어촌지역 개발촉진에 관한 특별법
417. 댐건설·관리 및 주변지역지원 등에 관한 법률
418. 국가유산수리 등에 관한 법률
419. 법원조직법
420. 보훈보상대상자 지원에 관한 법률
421. 부패방지 및 국민권익위원회의 설치와 운영에 관한 법률
422. 과학기술분야 정부출연연구기관 등의 설립·운영 및 육성에 관한 법률
423. 연구개발특구의 육성에 관한 특별법
424. 친환경농어업 육성 및 유기식품 등의 관리·지원에 관한 법률
425. 연안관리법
426. 영화 및 비디오물의 진흥에 관한 법률
427. 신용협동조합법
428. 방송통신발전 기본법
429. 범죄피해자 보호법
430. 가축 및 축산물 이력관리에 관한 법률
431. 국가표준기본법
432. 국가통합교통체계효율화법
433. 범죄인 인도법
434. 국가과학기술 경쟁력 강화를 위한 이공계지원 특별법
435. 국제경기대회 지원법
436. 금융혁신지원 특별법
437. 수자원의 조사·계획 및 관리에 관한 법률
438. 축산자조금의 조성 및 운용에 관한 법률
439. 소방시설 설치 및 관리에 관한 법률
440. 양성평등기본법
441. 축산계열화사업에 관한 법률
442. 수입식품안전관리 특별법
443. 대외무역법
444. 국가연구개발사업 등의 성과평가 및 성과관리에 관한 법률
445. 무역보험법
446. 기술사법
447. 광산안전법
448. 농약관리법
449. 농업·농촌 및 식품산업 기본법
450. 문화산업진흥 기본법
451. 부담금관리 기본법
452. 야생생물 보호 및 관리에 관한 법률
453. 한국은행법
454. 별정우체국법
455. 원양산업발전법
456. 콘텐츠산업 진흥법
457. 한국수출입은행법
458. 외국인투자 촉진법
459. 물류정책기본법
460. 전자서명법
461. 산업발전법
462. 산업표준화법
463. 소프트웨어 진흥법
464. 토지이용규제 기본법
465. 해수욕장의 이용 및 관리에 관한 법률
466. 정보통신 진흥 및 융합 활성화 등에 관한 특별법
467. 정보통신산업 진흥법
468. 지진·화산재해대책법
469. 소금산업진흥법
470. 위치정보의 보호 및 이용 등에 관한 법률
471. 외국법자문사법
472. 이러닝(전자학습)산업 발전 및 이러닝 활용 촉진에 관한 법률
473. 암관리법
474. 실용신안법
475. 가족관계의 등록 등에 관한 법률
476. 무인도서의 보전 및 관리에 관한 법률
477. 감사원법
478. 정보보호산업의 진흥에 관한 법률
479. 결혼중개업의 관리에 관한 법률
480. 공익신고자 보호법
481. 박물관 및 미술관 진흥법
482. 낚시 관리 및 육성법
483. 동산·채권 등의 담보에 관한 법률
484. 임금채권보장법
485. 국민투표법
486. 농림수산업자 신용보증법
487. 국가채권 관리법
488. 중소기업은행법
489. 식품안전기본법
490. 외국환거래법
491. 발명진흥법
492. 건설기술 진흥법
493. 기후위기 대응을 위한 탄소중립·녹색성장 기본법
494. 인체조직안전 및 관리 등에 관한 법률
495. 엔지니어링산업 진흥법
496. 신문 등의 진흥에 관한 법률
497. 식물방역법
498. 석탄산업법
499. 산업융합 촉진법
500. 비료관리법
501. 임업 및 산촌 진흥촉진에 관한 법률
502. 복권 및 복권기금법
503. 대규모유통업에서의 거래 공정화에 관한 법률
504. 뉴스통신 진흥에 관한 법률
505. 지능정보화 기본법
506. 자격기본법
507. 중소기업 기술혁신 촉진법
508. 국가공간정보 기본법
509. 농어업재해대책법
510. 방송광고판매대행 등에 관한 법률
511. 지식재산 기본법
512. 초고층 및 지하연계 복합건축물 재난관리에 관한 특별법
513. 해양 조사와 해양정보 활용에 관한 법률
514. 공간정보산업 진흥법
515. 공공기관의 정보공개에 관한 법률
516. 행정기본법
517. 해상교통안전법
518. 농어업재해보험법
519. 문화유산의 보존 및 활용에 관한 법률
520. 자연유산의 보존 및 활용에 관한 법률
521. 국토의 계획 및 이용에 관한 법률
522. 건축법
523. 국민건강보험법
524. 계엄법
525. 환경친화적 선박의 개발 및 보급 촉진에 관한 법률
526. 해양폐기물 및 해양오염퇴적물 관리법
527. 연안사고 예방에 관한 법률
528. 전기안전관리법
529. 의약품 등의 안전에 관한 규칙
530. 공공보건의료에 관한 법률
531. 군보건의료에 관한 법률
532. 농어촌 등 보건의료를 위한 특별조치법
533. 보호소년 등의 처우에 관한 법률
534. 국가를 당사자로 하는 소송에 관한 법률
535. 간호법
536. 국립묘지의 설치 및 운영에 관한 법률
537. 주류 면허 등에 관한 법률
538. 부가가치세법
539. 자율운항선박 개발 및 상용화 촉진에 관한 법률

*** 해광출판사의 법령 시리즈는 계속 발행 됩니다.**
**** 각 도서의 개정판은 인쇄일을 기준으로 제작 되었습니다.**